O SUBORDINADO
GUIA PARA MOSTRAR O SEU VALOR E ALCANÇAR OBJETIVOS DE CARREIRA

EDITORA
Labrador

Copyright © 2021 de Anna Beatriz Machado Coelho
Todos os direitos desta edição reservados à Editora Labrador.

Coordenação editorial
Pamela Oliveira

Preparação de texto
Flavia Siqueira

Projeto gráfico, diagramação e capa
Audrey Yumi Shishito

Revisão
Daniela Georgeto

Assistência editorial
Larissa Robbi Ribeiro

Imagens de capa e miolo
Audrey Yumi Shishito

Dados Internacionais de Catalogação na Publicação (CIP)
Angélica Ilacqua CRB-8/7057

Coelho, Anna Beatriz Machado
  O subordinado : guia para mostrar o seu valor e alcançar objetivos de carreira / Anna Beatriz Machado Coelho. — São Paulo : Labrador, 2021.
  164 p.

Bibliografia
ISBN 978-65-5625-134-9

1. Desenvolvimento profissional 2. Carreira 3. Autoconhecimento I. Título

21-1371   CDD 650.14

Índices para catálogo sistemático:
1. Desenvolvimento profissional

EDITORA Labrador

Editora Labrador
Diretor editorial: Daniel Pinsky
Rua Dr. José Elias, 520 — Alto da Lapa
05083-030 — São Paulo — SP
+55 (11) 3641-7446
contato@editoralabrador.com.br
www.editoralabrador.com.br
facebook.com/editoralabrador
instagram.com/editoralabrador

A reprodução de qualquer parte desta obra é ilegal e configura uma apropriação indevida dos direitos intelectuais e patrimoniais da autora. A editora não é responsável pelo conteúdo deste livro. A autora conhece os fatos narrados, pelos quais é responsável, assim como se responsabiliza pelos juízos emitidos.

SUMÁRIO

INTRODUÇÃO 5

PARTE I 15

SOBRE TRABALHO 16

    Luz e sombra 17

    Carpe diem, eu? 21

    Mindset 25

    O primeiro passo é entender, o segundo é aceitar 28

    Humanos são humanos 35

    Escritórios 37

    O sistema 40

    O futuro do trabalho 41

SOBRE NÓS 46

    Motivação: o que te motiva, na real? 47

    Employee Experience: por que a empresa quer você motivado? 55

    Feedback: como as relações nas organizações nos motivam? 59

    Lifelong Learning: aprendizagem contínua 70

SOBRE NOSSOS GESTORES E AS EMPRESAS 78

    Chefe x gestor 79

    Cuidado: gestores em construção 82

    Construa uma parceria 89

    Coragem 92

PARTE 2 — 95
VOCÊ PROTAGONISTA — 96

Pegue o leme — 97
Autoconhecimento — 99
Imagem — 109
Valor — 121
Diferenciação — 125
Objetivos — 127

VOCÊ CGO — 142

Responsabilidade — 145
Foco — 148
Persistência — 149
Processo — 152

REFERÊNCIAS BIBLIOGRÁFICAS — 155
AGRADECIMENTOS — 162

INTRODUÇÃO

"Subordinado":
Adjetivo
1. que é hierarquicamente inferior e dependente de alguém ou de alguma coisa; subalterno;
2. que, em relação a outro, tem apenas papel secundário.

[Dicionário Houaiss]

Ser ou estar subordinado é uma questão de escolha. De acordo com a definição acima, podemos ser chamados de subordinados por estarmos em posição hierarquicamente inferior a outras pessoas dentro de uma organização. Por mim, tudo bem, mas sermos dependentes ou nos conformarmos com um papel secundário é opcional, e este livro é um guia de como dizer não a essa posição.

Geralmente, o pensamento do subordinado é este: *"quero que o atual momento da minha carreira passe logo, quero ser gestor, líder, quero poder tomar decisões e finalmente fazer as coisas do meu jeito"* – como se o cargo de liderança representasse uma passagem para a felicidade e a liberdade na carreira. Digo isso com base na minha experiência, pois trabalho em uma grande empresa e muitas vezes me peguei pensando dessa forma, além de ter ouvido a mesma coisa dos meus colegas. E existem dados que não me deixam mentir: 56% da força de trabalho formal do Brasil está insatisfeita em sua posição atual, segundo pesquisa do Instituto Locomotiva publicada em 2017.

Mas sabe qual é a vantagem que o subordinado tem e que o gestor não tem (e da qual poucos se dão conta)? O tempo. Tempo precioso para se preparar e não acabar como a maior parte dos gestores de hoje – que, apesar de terem "chegado lá", não estão plenamente satisfeitos, pois muitos estão ocupados demais descascando abacaxis, fazendo politicagem, cada dia mais pressionados a atender às expectativas das organizações, com dificuldades para gerenciar a si mesmos e seus stakeholders dentro e fora do trabalho. Como consequência, segundo pesquisa realizada pela International Stress Management Association (ISMA-BR), 72% dos profissionais brasileiros sofrem com estresse; desses, 30% sofrem de burnout.

O burnout foi reconhecido em 2019 pela Organização Mundial da Saúde (OMS) como uma síndrome associada a trabalho. Ele vai além do estresse e de um estado mental de apatia, esgotamento ou sentimentos negativos, já que também provoca sintomas físicos e altera o funcionamento do organismo. O estado de burnout faz o cérebro trabalhar mal, desregula hormônios e pode aumentar o risco de ataque cardíaco.

De acordo com a Agência Europeia para a Segurança e Saúde no Trabalho, o estresse é a reação da mente e do corpo a uma situação avassaladora, que pode se manifestar como ansiedade, depressão, insônia e dores no corpo, entre outros sintomas. No ambiente de trabalho, ele geralmente está relacionado a fatores como carga de trabalho excessiva, falta de clareza sobre o escopo da função, desalinhamento entre competências e exigências e falta de envolvimento nas tomadas de decisão. Perceba que, de todas essas causas, somente a última pode ser diretamente relacionada ao nível hierárquico; as demais podem afetar todos os membros de uma organização.

Com isso, concluí que o problema não se resolve na escalada de cargos. Seja sua posição de gestor ou de subordinado, o problema está na forma como todos nós lidamos com o trabalho dentro das organizações. Comecei a pesquisar mais sobre o futuro do trabalho e percebi que eu não sou a única olhando à minha volta e percebendo que as coisas precisam mudar. Assim, decidi ser parte do movimento pela construção de um futuro do trabalho melhor para as pessoas, por meio deste livro. Se você ainda não foi promovido e está aqui, saiba que está no caminho certo, pois você ainda tem tempo de aprender e se tornar mais satisfeito com a sua carreira hoje, além de se preparar para ser um gestor melhor e mais realizado no futuro.

Introdução feita, vou falar um pouco sobre a minha história para que você entenda como cheguei até aqui. Ao longo da minha carreira, tive a sorte de encontrar chefes que me deram dimensão da importância do tempo. Quando estagiária, dos 20 aos 22 anos, trabalhei em uma mesma posição, pois o mais importante para mim não era ter no currículo uma grande diversidade de experiências, mas me aprofundar no aprendizado do que é

BRANDING PESSOAL AMPLIA O SIGNIFICADO DA SUA CARREIRA

@OSUBORDINADO

trabalhar, simples assim. Naquela época, eu precisava aprender o que é uma entrega, o que é um processo de desenvolvimento e aprendizado em uma grande empresa, o que é responder para alguém com muito mais experiência do que eu... Enfim, coisas que um estagiário deve aprender.

Estando em uma multinacional, é claro que a possibilidade de me tornar trainee passou pela minha cabeça, mas eu não tinha essa ambição. Percebendo isso, minha chefe na época me disse: *"eu não acho que você tenha o perfil de trainee; acho que você tem tempo para se desenvolver sem a pressão do programa e se tornar uma gestora melhor no futuro"*. Concordei com ela, pura e simplesmente porque tinha certeza de que não passaria no processo seletivo e ficaria sem emprego. Assim, decidi aceitar uma das duas vagas de analista que surgiram para mim – ou seja, ao contrário do trainee, para a posição de analista eu estava reconhecidamente muito bem preparada! Cinco anos se passaram e hoje sou coordenadora sênior. Vi estagiários da minha época, alguns até mais novos do que eu, entrarem no programa de trainee e serem promovidos a gerentes, mas minha trajetória me ensinou que as coisas chegam em seu tempo.

Você pode pensar que eu lido com isso de forma tranquila porque tenho somente 27 anos e, se eu alcançar um cargo de gestão daqui a dois anos, ainda não terei nem 30, correto? Pois é, correto. Mas não se trata apenas disso: independentemente da minha idade, com o autoconhecimento que desenvolvi, eu ainda preferiria fazer as coisas no tempo que for necessário para que eu entregue os melhores resultados. Tenho mais vontade de ser bem-sucedida devagar do que malsucedida rápido – e entenda que por "bem-sucedida" não me refiro aos padrões que a sociedade geralmente nos impõe.

Outro ponto importante sobre mim e interessante de compartilhar é que costumo me descrever como uma "entusiasta do marketing". Antes mesmo de fazer minha escolha profissional, eu já era fascinada pela capacidade que as marcas (símbolos, nomes, cheiros, cores, universos conceituais inteiros) têm de agregar valores diferentes a produtos muito similares. Escolhi fazer Administração, e meu grande foco no curso eram as matérias de marketing estratégico.

Quando entrei na empresa, na área de marketing desde o primeiro dia, o que mais me chamou atenção foi o papel central do nosso time no desenvolvimento estratégico de produtos e inovações, indo muito além das campanhas publicitárias e dos materiais de pontos de venda. Hoje, uma das minhas maiores fortalezas técnicas é a habilidade de planejar e executar estratégias de marca robustas e baseadas no entendimento do consumidor, de forma que elas sejam autênticas e relevantes.

Contudo, apesar de trabalhar com a minha paixão, não existe história sem dificuldades. Na verdade, só estou escrevendo este livro porque, com o passar dos anos, outros aspectos do trabalho começaram a permear minha mente, causando ansiedade e insegurança em relação ao meu valor e às minhas escolhas. Eu sabia que marketing era a minha praia, mas trabalhar naquela empresa estava me sufocando. A rotina agitada, a pressão da entrega, a necessidade de subir na carreira no menor tempo possível, todas as tarefas adjacentes ao que amo fazer... Tudo isso consumia muito mais tempo do que eu gostaria e me fez pensar: *"Será que eu quero continuar nessa vida? Será que eu deveria buscar viver meu propósito fora daqui, como muitos da minha geração estão fazendo? Será que eu quero ser nômade digital, empreendedora?"*.

Esses pensamentos se tornaram repetitivos e se transformaram em uma vontade constante de largar tudo. De repente, eu estava tendo crises de choro sem motivo algum. Eram crises de ansiedade. Logo identifiquei que esse comportamento não era normal para mim e busquei ajuda tanto na terapia quanto na leitura de livros e artigos sobre gestão de carreira, liderança, mindset etc.

Todo esse processo foi essencial para o meu desenvolvimento pessoal e profissional. Tudo o que li contribuiu para o meu conhecimento, tudo o que consumi de conteúdo me ajudou a formular meu conceito de gestão de carreira. Mas a verdade é que, até chegar às minhas mãos o livro *Personal Branding*, de Arthur Bender, eu sentia que nenhum dos conteúdos anteriores me representava. Sabe por quê? Porque em todos os materiais sobre carreira que eu havia lido até aquele momento, o sujeito era o gestor, detentor do poder e da autoridade dentro da organização, enquanto nós, os subordinados, éramos sempre um grupo de pessoas passivas, à mercê da capacidade do líder de liderar, e nada além disso. Quando li sobre branding pessoal e absorvi a ideia de utilizar as ferramentas de criação e gerenciamento de marcas com foco em pessoas – sem importar a posição hierárquica que elas ocupam –, uma luzinha se acendeu na minha cabeça. Pensei: *"é genial a ideia de eu me entender e me gerenciar como marca para atingir os meus objetivos, através das ferramentas de marketing que eu já domino e amo! É isso que eu preciso aplicar na minha vida"*.

O conceito de branding pessoal me fez abrir os olhos para o meu valor e para o valor do meu trabalho, apesar do meu cargo. Isso ampliou o significado de carreira para mim.

Comecei a me aprofundar nisso, consumir conteúdo, participar de eventos e cursos incríveis, mas ao mesmo tempo eu olhava para o lado e observava que somente empreendedores, criadores de conteúdo e profissionais autônomos estavam ocupando aquele espaço e se interessando pelo assunto. Eu era uma exceção, não encontrava nesses fóruns profissionais "formais" como eu, pessoas em busca de aperfeiçoamento para além do ambiente de suas empresas, pensando na carreira fora dos limites das organizações para as quais prestam serviço.

A amplitude de visão que essa imersão de um ano em branding pessoal me trouxe foi tão importante para o meu processo de protagonismo que eu decidi assumir essa ferramenta como meu instrumento de trabalho, dentro do movimento para a construção do futuro no qual acredito. Comecei a criar conteúdo nas redes sociais porque quero que cada vez mais pessoas da média gestão – ou seja, profissionais com aproximadamente dez anos de carreira, coordenadores, analistas de perfil sênior e supervisores – saibam que existe um espaço de troca e de aprendizagem para eles. Um espaço semelhante ao que encontrei junto aos autônomos e empreendedores dentro do universo do branding pessoal, mas com a vantagem de que, em um grupo com vivências e ambições mais parecidas, podemos enriquecer ainda mais as nossas trocas.

Minha proposta é sairmos desse ciclo de achar que nossa felicidade está no amanhã, lá fora ou nos bens materiais. A ideia é expandir seu conceito de carreira para além do seu emprego e construir uma nova dimensão sobre seu potencial. Neste livro, quero contar o que eu fiz e dar as ferramentas para que você também se torne responsável pelo seu futuro, desenvolva seu autoconhecimento e faça bom uso do tempo para de fato aprender e avançar na carreira, sabendo que está preparado e garantindo que as pessoas à sua volta também reconheçam que você está. Isso, claro, sem deixar de lado sua satisfação e felicidade com a vida que tem no presente.

É importante dizer que, antes de darmos esse salto, falaremos um pouco sobre o porquê de as coisas serem como são, sobre nossas experiências de carreira "convencionais" e sobre história do trabalho – porque, na minha visão, é preciso conhecer para questionar. É a partir do entendimento dessa história que seremos eficientes ao propor mudanças para o futuro, concentrando esforços nos pontos principais, que impactam todo o resto.

No primeiro capítulo, vamos discorrer sobre a relação ambígua que temos com o trabalho e sobre a história do século passado, desde a primeira Revolução Industrial, passando pela evolução dos escritórios e do trabalho administrativo e chegando às mais recentes e conhecidas habilidades essenciais para o sucesso no futuro do trabalho – abordando, inclusive, os impactos das mudanças provocadas pela pandemia de 2020.

Nos capítulos 2 e 3, vamos falar sobre nós, sobre o que achamos que nos estimula e o que, segundo a ciência, nos motiva de verdade. Vamos explorar o conceito de felicidade e sucesso, além de algumas práticas básicas e já bem difundidas do mundo corporativo, pensando sobre como usá-las em nosso favor. E não podemos deixar de falar sobre as empresas, nossos superiores e algumas práticas que as organizações têm tentado implementar para nos ajudar a ser mais felizes no trabalho – e sobre a forma como devemos reagir a elas. Afinal, a relação entre funcionário e empresa, assim como qualquer outra, precisa ser uma via de mão dupla de direitos e deveres.

O quarto capítulo é o mais prático do livro. Nele, eu proponho uma série de tarefas para você se conhecer, tomar posse de si e iniciar sua jornada como protagonista usando ferramentas de branding pessoal. O nível de transformação que esse capítulo pode ter na sua vida depende de você. Digo isso porque, diferentemente de um processo de consultoria, através do livro eu não consigo incentivar você diretamente ou cobrar a realização das tarefas, mas espero mostrar que realizá-las pode ser transformador. Convido você a se manter aberto e tentar colocar tudo em prática. Minha dica é: não tenha pressa em terminar o capítulo, adquira o hábito de estar vigilante e atento a si mesmo; vá aplicando os exercícios de modo que, com o tempo, você consiga perceber a diferença entre estar vivendo por acaso e estar vivendo com propósito.

Por fim, para não dizer que não falei das flores, conversaremos sobre crescimento. Por mais que ser feliz no presente seja uma máxima para mim, não quero ficar estagnada e não quero que ninguém que decida ser protagonista fique também. Mas só vamos pensar nisso depois de um processo importante de desconstrução e reconstrução das bases sobre como e por que devemos crescer, nos tornando o que eu chamo de *Chief Growth Officer* (CGO) da própria carreira.

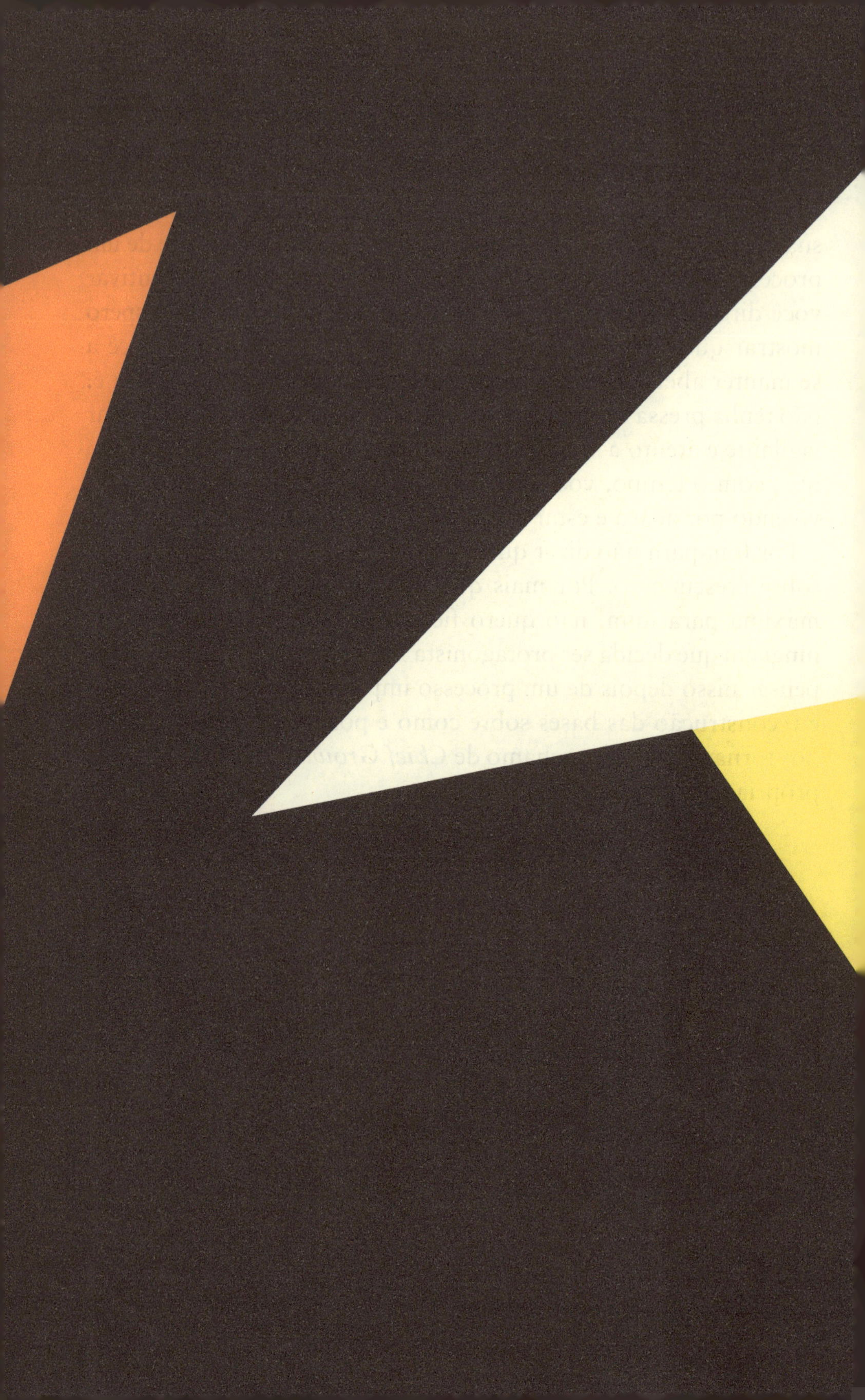

PARTE I

CAPÍTULO 1
SOBRE TRABALHO

LUZ E SOMBRA

Em uma aula na faculdade, ouvi de um professor a origem da palavra "trabalho", e isso nunca mais saiu da minha cabeça. A palavra vem do termo em latim "tripallium", referente a um instrumento de tortura formado por três ("tri") paus ("pallium"). Sendo assim, a ideia de trabalhar, em sua origem, é sobre ser torturado.

Não que isso seja uma grande novidade. Afinal, muitas pessoas se sentem torturadas ao acordar pela manhã na segunda-feira, mas descobrir que essa noção é tão enraizada me deixou bastante incomodada. Como é possível algo em que nossa sociedade está pautada ser de fato uma tortura? Por que nossos antepassados seguiram por esse caminho? Por que não ficamos todos deitados na floresta, em vez de construir uma vida dependente de algo com origem tão dolorosa? Bom, sabemos que, no início dos tempos, trabalho era coisa de escravos e camponeses. Lendo mais sobre o assunto, no entanto, descobri que, conforme os anos se passaram, a vontade de trabalhar não ficou restrita às pessoas desprovidas de posses, que se esforçavam fisicamente para conquistar o pão de cada dia. Por essa razão, o termo "trabalho" foi ressignificado para algo mais glamuroso: *"aplicação das forças e faculdades (talentos e habilidades) humanas para alcançar um determinado fim"*. Ufa, melhorou, certo?

O ato de trabalhar passou a ser valorizado na sociedade ao longo da história, tornando-se digno de quem quer conquistar ou construir algo. Mas o fato é que, observando nossa sociedade moderna, milênios depois, cá estamos trabalhando muito, de diversas formas, para diversos fins e estabelecendo uma relação dúbia com o ofício: muitas vezes não conseguimos perceber valor em nossas contribuições e nos tornamos infelizes; por outro lado, ao mesmo tempo entendemos que só através dessas mesmas contribuições poderemos buscar maior realização pessoal e material – esta última, por meio do retorno financeiro que o trabalho traz.

Existem duas razões pelas quais um ser humano moderno começa a trabalhar:

1) Por necessidade. Ele quer exercer uma função em troca de dinheiro, pois, caso contrário, poderá sofrer as consequências: ele e seus entes queridos poderão não ter um lugar para morar, o que comer, o que beber, o que vestir... Enfim, não terão como satisfazer suas necessidades básicas e realizar suas ambições.

2) Ele realmente acredita que tem um talento e quer contribuir de maneira efetiva para a sociedade, e isso o deixa realizado mesmo que não ganhe nada em troca.

Nos próximos capítulos, falaremos sobre a teoria por trás dessas motivações. Por ora, podemos concluir que a maioria de nós começa a trabalhar pela primeira razão, certo? Nossos pais ou responsáveis nos deram um ultimato, de que não nos sustentariam por mais tempo, ou tivemos de nos mexer para complementar a renda dentro de casa. Fato é que fomos, junto com outros colegas da mesma idade, iniciar nossa jornada no mercado de trabalho, muitas vezes ao mesmo tempo estudando para o vestibular e decidindo entre diversas opções de cursos, esperançosos de que faríamos a escolha certa, aquela que nos traria maior realização e o máximo de dinheiro possível. Bom, entendo que a primeira razão pela qual temos uma relação de luz e sombra com o trabalho está aí: tomamos nossas primeiras decisões relacionadas a carreira em um comportamento de manada, ~~motivados~~ pressionados pela necessidade e sem muita clareza ainda sobre o que nos proporciona autorrealização.

Por mais que tenhamos feito testes vocacionais, conversado com profissionais, assistido a vídeos e aulas para tentarmos descobrir se esse trabalho futuro pode minimamente nos fazer felizes, nós não conhecemos realmente a função que exerceremos. Conhecemos o que as pessoas nos contam sobre ela e fazemos uma escolha tremendo de medo, porque ela significa abrir mão de todas as outras possibilidades (inclusive a de não trabalhar) e vamos em frente, imaturos, mas cheios de vontade de fazer com que aquilo dê certo.

O tempo passa, a pressão diminui, conseguimos um emprego de estagiário ou aprendiz, exercemos nossas tarefas de forma satisfatória e passamos a obter algum retorno financeiro imediatamente. Nesse momento acontece o que para mim é a segunda razão da nossa relação de luz e sombra com o trabalho: ancoramos nossa motivação ao dinheiro. Receber os primeiros salários é uma delícia. No meu caso, lembro-me até hoje da conversa de emancipação que tive com meu pai: eu disse a ele que não precisaria mais da mesada que ele me dava, pois o meu salário agora era o dobro dela... O orgulho que ele sentiu de mim me preencheu e fez valer a pena as seis conduções que eu pegava por dia para ficar sentada na frente de um *desktop* trabalhando de forma ainda medíocre.

Quando eu digo "ancorar", estou dizendo que nos prendemos à emoção causada por essas experiências, pois o sentimento de realização fica sedimentado em nós e formata nossa visão de mundo daquele instante para a frente. No caso de muitas pessoas, pode ter sido a primeira vez que elas puderam fazer uma compra de supermercado para a família – talvez até com alguns pequenos luxos, como uma caixa de bombons – ou pagar uma conta que estava atrasada, uma dívida com o banco. Em outras realidades, ainda, podem ter ocorrido conquistas como a primeira roupa de marca, o primeiro montante investido, a primeira festa bancada de forma independente... Enfim, a primeira vez que sentimos a emoção causada pelas coisas que o dinheiro pode nos proporcionar, independentemente da realidade de cada um, é maravilhosa e justa. A questão é que isso geralmente acontece antes de sermos reconhecidos pelo nosso trabalho de fato. E até lá passamos muito tempo (às vezes anos) utilizando o trabalho como meio para obter retorno financeiro, satisfazer nossas vontades e ter aquele estopim de emoção, de novo e de novo.

Penso que nossa relação com o trabalho se estabeleceria de forma muito mais saudável se o processo fosse diferente e, antes de ancorarmos a recompensa do trabalho à emoção do que conquistamos com dinheiro, pudéssemos ancorá-la à emoção de sermos reconhecidos por exercer nossos talentos e faculdades mentais com sucesso. Porém, isso não acontece, uma vez que na realidade somos contratados para exercer funções muito simples no começo e, no primeiro mês de trabalho, o salário chega e a ancoragem financeira acontece.

De forma nenhuma minha proposta aqui é dizer que deveríamos trabalhar de graça até sermos reconhecidos por nossos talentos, porque isso geralmente demora em carreiras convencionais. Meu objetivo é descortinar as razões pelas quais eu acredito que nosso processo de desenvolvimento de carreira às vezes é distorcido por conta dos padrões do sistema corporativo falido no qual muitos de nós ainda trabalham.

Apesar das discussões sobre novos modelos organizacionais, essa questão ficou ainda mais evidente para mim quando assisti a um webinar ministrado pelo pesquisador e consultor Alexandre Pellaes, promovido pela HSM Management, em que ele explica que muitas empresas ainda se estruturam de uma forma em que a engrenagem motivacional dos colaboradores se baseia em salários, estabilidade e algum reconhecimento, enquanto as recompensas ligadas a respeito, confiança e realização pessoal são atribuídas somente ao alto escalão. Quando pensamos no presente e no futuro do trabalho, percebemos que essa formatação não faz mais sentido. A nossa geração e as mais jovens valorizarão cada vez mais a significância e o impacto daquilo que fazem, além de priorizarem a qualidade de vida no momento presente.

As organizações estão discutindo novos modelos, mas está evidente que a mudança precisa ser construída a quatro mãos. O objetivo deste livro é provocar a nós, colaboradores, para que comecemos a tomar nossas posições no desenvolvimento do futuro do trabalho, porque apenas nós podemos olhar genuinamente pelos nossos interesses e, assim, equilibrar melhor a balança do sistema – que hoje pende muito mais para o lado das organizações, simplesmente porque mantivemos por muito tempo uma posição passiva. O convite é para sairmos do "piloto automático" e tomarmos uma posição mais ativa nesse diálogo a partir de uma atitude de protagonistas, gerenciando nossas carreiras e emoções e construindo uma forma de trabalho dignificante e prazerosa, como ela tem que ser.

CARPE DIEM, EU?

Continuando a narrativa de uma trajetória de carreira "padrão": depois de alguns anos trabalhando como subordinados e descobrindo nossos pontos fortes, provavelmente já vivemos a emoção de sermos reconhecidos por nossos talentos e achamos essa sensação ainda melhor do que aquela provocada pelo retorno financeiro. O autor Frederick Herzberg, reconhecido por suas teorias de motivação em ambiente organizacional (sendo a mais famosa a teoria dos dois fatores), diz que a maior das motivações do ser humano não é dinheiro, mas a oportunidade de aprender, assumir responsabilidades, colaborar e obter reconhecimento por suas conquistas.

Contudo, muitos de nós vivem num ciclo em que se alternam, de um lado, o pouco reconhecimento pelo trabalho e uma sensação de muito prazer quando isso acontece, e, de outro, muito retorno financeiro e cada vez menos prazer pelo que ele pode nos dar. Isso justifica a nossa "quedinha" por discursos sobre propósito, realização pessoal, *life coaching* e empreendedorismo. Afinal, são abordagens que parecem ter o poder de nos proporcionar um reconhecimento genuíno – felicidade, mesmo – de forma mais perene ao longo da carreira.

Pense em um empreendedor: ele abre seu negócio, começa a vender seus produtos ou serviços, e cada venda é um reconhecimento de sua inteligência e capacidade de criar um produto que atende a uma necessidade. Além disso, ele emprega pessoas e efetivamente enxerga a mudança que sua empresa causa na vida de diversas famílias. Empreendedores têm ambientes muito interessantes de troca de ideias e experiências, como eventos, fóruns on-line, pequenos *meet ups* e até espaços de coworking, em que empreendedores de diversos setores trabalham próximos uns dos outros e podem trocar abertamente no café, sem se preocuparem com a demonstração de aflições, dúvidas ou vulnerabilidades, uma vez que não há competição direta – muito pelo contrário: há um estímulo à colaboração e ao networking genuíno.

Não sou contra o empreendedorismo ou a busca por uma carreira mais satisfatória fora das empresas. Sou a favor da liberdade, mas acredito que não é viável nem saudável todas as pessoas depositarem suas fichas na ideia de que é necessário sair do mundo corporativo para viver seu propósito de vida e finalmente ser feliz. O sistema corporativo atual é dependente de um número grande de subordinados, que precisam ser as escavadeiras que moverão as montanhas, e isso não é motivo de ofensa nem deveria ser razão de infelicidade. Todos os gestores e líderes passaram por isso; a diferença é que as gerações passadas passavam sem questionar, sem imaginar que havia outras opções a não ser arar a terra para colher bons frutos.

A partir da geração millennial (nascidos entre 1979 e 1995), começamos a nos questionar: por que esperar o dia de amanhã para sermos felizes? A popularização do *carpe diem*, expressão que significa "aproveite o momento", nos deixou inquietos. Passamos a querer largar tudo, enterrar as expectativas dos mais velhos e viver uma vida menos "quadrada", menos regrada, com ambições menores em termos de bens materiais e maiores em relação a experiências. É inegável que esse pensamento moldou a evolução do mundo como o conhecemos hoje, desenvolveu nosso senso de coletividade – principalmente nos espaços urbanos, de igualdade e diversidade –, ampliou nossas opções de formas de trabalho e iniciou um movimento de ressignificação do que é felicidade. E eu adoro isso, porque esse movimento é, sem dúvida, a base dos pensamentos questionadores e da inquietude que me levaram a escrever este livro.

O ponto crítico para mim é que nem todo mundo pode, quer ou precisa sair em busca de uma vida feliz tornando-se empreendedor autônomo. Sinto falta de uma voz que explique por que as coisas são como são, por que precisamos passar a questioná-las e como as pessoas que ficam no escritório têm um papel essencial em redesenhar a forma como trabalhamos. Mesmo sendo apenas colaboradores, esses indivíduos podem traçar um caminho que os leve à realização pessoal dentro de uma carreira convencional.

Isso é possível sem a dependência dos programas motivacionais do RH das empresas, que têm a melhor das intenções, mas inegavelmente representam um conflito de interesses. Atenção, gestores de recursos humanos que podem estar lendo este livro: não me levem a mal, mas como subordinados confiamos pouco nesses programas porque todo mundo tem receio de dizer, para o empregador, a verdade completa sobre como se sente. Por mais que queiramos seguir uma carreira corporativa, pode ser que não seja na sua empresa, e é improvável que vocês nos ajudem se a situação for essa.

Vejo também alguns líderes e gestores puxando para si a responsabilidade de fazer com que os mais jovens se sintam mais felizes e satisfeitos nas empresas, mas o nosso nível de egocentrismo millennial não nos deixa delegar plenamente essa responsabilidade. Notei isso quando aceitei que matérias com títulos do tipo "Como fazer os millennials do seu time mais felizes" me davam arrepios! Minha percepção é de que ninguém, muito menos os meus chefes, tem a responsabilidade ou a habilidade de me fazer mais feliz. Não quero estar no banco do carona enquanto a liderança me dirige pelo caminho da felicidade. Essa função é minha, é nossa, de dentro para fora, e ela pode sim passar pelo compartilhamento de dores e delícias, mas quem pega o leme desse barco para navegar e decidir qual caminho seguir somos nós mesmos!

Um ponto fundamental é que a noção de sucesso é relativa, e este livro também fala sobre isso. É preciso deixar claro, de uma vez por todas, que a felicidade não é um destino, que a felicidade está na trajetória, que um grande sucesso é composto de pequenas metas alcançadas capazes de nos trazer realização constante e que precisam ser celebradas. Não existe só um jeito de ser feliz e bem-sucedido – as trajetórias dos nossos gestores, pais, vizinhos ou do empreendedor autônomo "instagramável" não são os únicos caminhos possíveis de sucesso. A reflexão aqui é que talvez não queiramos a "grama verde do vizinho", mas a felicidade que ele aparenta sentir todos os dias durante o processo de cuidar do próprio quintal. Em resumo, queremos nos sentir felizes e realizados por mais tempo, e não necessariamente fazer o que eles fazem, capisce?

O importante aqui é começarmos a desmistificar o padrão de sucesso e felicidade altamente exposto nas redes sociais. Temos que nos desenvolver e nos autoconhecer a ponto de termos certeza daquilo que é realização para nós mesmos, do que nos fará ir dormir todos os dias com a sensação de dever cumprido mesmo que ainda não

CARREIRA EQUILIBRADA É AQUELA EM QUE VOCÊ É FELIZ HOJE PARA SE REALIZAR NO FUTURO

@OSUBORDINADO

estejamos no topo da montanha. Mesmo que o que façamos hoje não seja totalmente nossa definição de "trabalho dos sonhos", precisamos entregar valor e ser reconhecidos por isso. Só assim nos sentiremos bem-sucedidos diariamente e construiremos nossa trajetória profissional e nosso arcabouço de referências, criando a "casca" necessária para darmos os próximos passos rumo a um objetivo maior.

A partir daqui, quero provocar pensamentos que talvez você nunca tenha experimentado, para capitanear sua trajetória sendo mais feliz hoje e mais realizado no futuro. Vamos explorar técnicas de desenvolvimento pessoal para seguir na carreira corporativa (ou não), se essa for realmente a SUA vontade (e não a única opção que você enxerga para ser mais feliz).

MINDSET

Bom, antes de começarmos, eu preciso colocar todos os leitores na mesma base. Se você não é um dos sortudos que leram os textos acima antes de começar a trabalhar e não terá a oportunidade de gerenciar a ancoragem das emoções relacionadas ao trabalho, não se preocupe: existe um caminho independente do seu tempo de carreira, e ele se baseia em determinar o seu mindset de crescimento.

"Mindset", em uma tradução livre, significa "estado mental", e a ideia é que esse estado molda nossos comportamentos e a forma como lidamos emocionalmente com os sucessos e fracassos em nossas vidas. Ele não é definido do dia para a noite – nosso contexto social, nossa personalidade, a forma como fomos criados por nossos pais e as experiências que vivemos ao longo da vida são peças de um grande quebra-cabeça, que nos ajudam a determinar a base da nossa forma de pensar. Particularmente, gosto de pensar que esse quebra-cabeça também está ligado à nossa intuição, mas então iríamos para um lugar mais profundo das nossas mentes, sobre o qual não tenho jurisdição para falar. De qualquer forma, é importante ressaltar que determinar seu mindset não é uma tarefa 100% racional.

Segundo o livro *Mindset*, da psicóloga e Ph.D. Carol Dweck, há dois tipos de modelo mental: o fixo e o de crescimento. A partir do momento que tomamos conhecimento deles, explica a autora, temos a oportunidade de identificar quais situações são gatilhos para agirmos de acordo com um ou outro. A seguir, faço um resumo sobre cada um deles, mas recomendo que você leia a obra completa, cheia de estudos de caso que ilustram muito bem como podemos identificar esses momentos e situações para ajustarmos de forma consciente a nossa maneira de pensar e, consequentemente, de agir.

Mindset fixo: ele se dá quando acreditamos que somos alguma coisa, e ponto. Por exemplo: sempre fui classificada como inteligente, e no mindset fixo eu acreditaria nisso 100% do tempo, em todas as esferas da minha vida. Ninguém poderia contestar esse "fato" e, se o fizessem, despertariam em mim atitudes hostis, defensivas... Nem eu mesma duvidaria de mim, por isso não me arriscaria a tentar coisas novas nem buscaria me aprimorar ou me esforçar para nada – afinal, "já sou um gênio por natureza". Troque "inteligente" por qualquer outro adjetivo: sob o prisma do mindset fixo, você agirá da mesma forma, já que "somos o que somos e nada nem ninguém vai nos mudar". Tem alguma coisa aí que você acredita ser de forma absoluta? As pessoas à sua volta têm características que você acredita que elas não podem mudar? Ou, ainda, há alguma situação na sua vida que você pensa ser imutável? Se sim, essas são situações e crenças que ativam seu mindset fixo.

Mindset de crescimento: ele é diferente, pois nos faz acreditar que sempre podemos nos aprimorar – e, sim, isso exige esforço! Seguindo com o exemplo da inteligência: sob o mindset de crescimento, eu consigo perceber que não sou inteligente de nascença. Na verdade, sempre estudei muito, me esforcei para tirar boas notas, abdiquei de algumas coisas para isso e, ainda assim, não sou boa em tudo. Há pessoas lá fora que têm muito a me ensinar, e acreditar nisso só me fará aprender mais e mais, sempre. Estar aberto ao desenvolvimento e ao aprimoramento é a chave para um sucesso sustentável. Pense: em quais situações você se coloca como aprendiz? Ou, ainda, quando você observa pessoas à sua volta conquistando algo, você as valoriza não só pelas "medalhas", mas por todo o treino e processo que elas passaram para chegar até ali? Se sim, essas são situações e crenças que denotam seu mindset de crescimento.

Importante: essa classificação não é binária nem absoluta. Agimos de acordo com mindsets diferentes em situações diferentes – o mais importante é identificar o que desencadeia cada um.

Conhecendo a teoria do mindset, podemos nos observar com mais cuidado e nos desprender da ideia de que seríamos indivíduos prontos e fadados a um destino, seja ele bom ou ruim. Tudo pode mudar, o importante é valorizarmos o processo, o esforço, a aprendizagem e, se formos bem ou malsucedidos em qualquer tarefa ou objetivo – qualquer que seja o ramo de nossas vidas, mas principalmente na carreira –, o resultado é consequência dessa trajetória, e a vida continua. Os aprendizados ainda serão necessários porque a vida não para. Temos que buscar o próximo nível e tudo só é possível por meio da construção, tijolo após tijolo.

Essa reflexão sobre a continuidade das coisas não vale somente para a esfera individual, em que buscamos nos desenvolver para nos sentir mais satisfeitos e motivados ou para atingirmos nossas ambições. Ela vale também para um espectro mais amplo: observando a história da administração, vemos que muitos acontecimentos nos trouxeram até aqui e, para além do sucesso ou do fracasso que tivemos no passado, a vida continua e a força de trabalho precisa seguir aprendendo e evoluindo. Na minha visão, uma das quebras de paradigma mais importantes e necessárias – e que vai acontecer daqui em diante – é o entendimento de que trabalho e emprego são coisas diferentes e de que o indivíduo deve gerenciar sua carreira com base no que ele se propõe a entregar, nas necessidades que ele é bom em atender, nos problemas que ele é bom em resolver, tenha ele carteira assinada ou não.

Para entendermos melhor isso, quero apresentar um pouco da história das teorias da administração, falar sobre a evolução dos espaços de trabalho e comentar alguns estudos sobre nós, trabalhadores. O objetivo é que, entendendo o contexto, comecemos a avaliar quais mudanças já estão sendo discutidas e qual o nosso papel, como colaboradores, na construção do tão comentado futuro do trabalho – para o qual é fundamental nosso desenvolvimento individual e coletivo.

O PRIMEIRO PASSO É ENTENDER, O SEGUNDO É ACEITAR

Ao pegar este livro na mão, talvez você tenha pensado: *"mas não se usa mais esse termo 'subordinado', né? Todos sabem que tem uma conotação negativa"*. Sim, eu sei, e na minha carreira nunca fui chamada de "subordinada", sempre fui chamada de "colaboradora", "funcionária", "liderada", "parte do time", "membro da equipe" etc. E, sim, eu concordo que são formas melhores de se referir aos funcionários de uma empresa. Porém, o meu objetivo aqui não é discutir quais são as práticas politicamente corretas do mundo corporativo, mas questionar, para além de como somos chamados, onde e como nós, como indivíduos, nos colocamos e nos sentimos dentro das organizações.

A história do trabalho sempre nos colocou em um lugar diminuto, passivo, e sempre abafou a nossa capacidade de colaboração estratégica. Esse comportamento vem sendo reproduzido até os dias de hoje, simplesmente porque "é assim que é". As gerações passadas não questionaram a si nem aos seus superiores se as pessoas poderiam ser mais felizes caso fossem mais ouvidas, executassem tarefas mais conectadas às suas capacidades intelectuais e tivessem um ambiente de trabalho mais agradável – seja em um escritório ou em qualquer lugar do mundo. Enfim, isso tudo é muito novo e meu objetivo daqui em diante é mostrar como a engrenagem funcionou por mais de cem anos. Assim, saberemos exatamente o que questionar daqui para a frente.

Na minha formação, aprendi sobre a teoria geral da administração – que, segundo o estudioso Idalberto Chiavenato, é o campo do conhecimento humano que se ocupa do estudo da administração das organizações (lucrativas e não lucrativas). Os autores que inauguraram esse campo de estudo foram Frederick Taylor e Henry Fayol, ambos na mesma época – início do século XX, logo depois da Primeira Revolução Industrial –, mas em continentes diferentes. Os dois desenvolveram teorias com o objetivo de tornar as organizações mais eficientes, mas sob perspectivas distintas. Taylor visava aumentar a eficiência da indústria por meio da organização racional do trabalho, dividindo-o nas menores partes possíveis, com foco no operário e nas microtarefas que ele deveria cumprir (de baixo para cima e das partes para o todo). Fayol perseguia o mesmo objetivo, mas direcionava seu pensamento para a estrutura das organizações, ou seja, para a disposição dos departamentos e suas inter-relações estruturais (de cima para baixo e do todo para as partes).

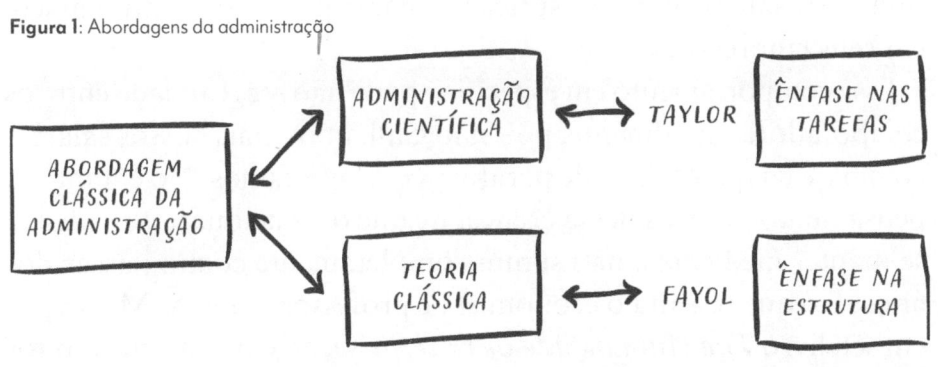

Figura 1: Abordagens da administração

```
                    ┌──────────────────┐         ┌──────────────┐
              ┌────▶│  ADMINISTRAÇÃO   │◀──▶TAYLOR│ ÊNFASE NAS   │
              │     │    CIENTÍFICA    │         │   TAREFAS    │
┌──────────────┐    └──────────────────┘         └──────────────┘
│  ABORDAGEM   │
│  CLÁSSICA DA │
│ ADMINISTRAÇÃO│
└──────────────┘    ┌──────────────────┐         ┌──────────────┐
              │     │     TEORIA       │◀──▶FAYOL │ ÊNFASE NA    │
              └────▶│    CLÁSSICA      │         │  ESTRUTURA   │
                    └──────────────────┘         └──────────────┘
```

Fonte: Adaptada de Chiavenato (2004, p. 49)

Não quero entediar você com um monte de teorias sobre administração, mas é muito importante voltarmos no tempo para entendermos de onde vêm os padrões que ainda seguimos hoje, mesmo que eles tenham uma carcaça mais moderna. Precisamos saber exatamente quais ideias questionar para de fato romper padrões de comportamento – tanto nossos quanto dos nossos superiores e da organização na qual trabalhamos.

VADIAGEM SISTEMÁTICA

A teoria taylorista tinha como objetivo aumentar a produtividade da indústria, colocando o funcionamento do sistema acima de tudo, por meio da divisão do trabalho em pequenas unidades (tarefas) e fazendo com que cada uma delas fosse feita da forma mais eficiente possível. E era para isso que os funcionários serviam: para executar as tarefas, e só.

Faz parte dessa teoria o primeiro conceito sobre colaboradores que devemos conhecer: a "vadiagem sistemática". Imagine uma fábrica em que os funcionários ganhavam seu salário baseado na quantidade de peças que produziam: se um funcionário fosse muito mais produtivo que os demais, ele ganharia um salário muito mais alto. Porém, o montante que a empresa tinha para despender com salários não era elástico; sendo assim, a pessoa menos produtiva da fábrica provavelmente seria demitida. Essa lógica fazia com que os funcionários se mantivessem na média da produtividade, garantindo um salário mínimo suficiente para que todos continuassem em seus empregos.

Esse comportamento em específico pode não ser realidade entre os colaboradores atualmente, pois não ganhamos mais nossos salários com base na quantidade de parafusos que apertamos. No entanto, o pensamento por trás dessa crença, de que os funcionários tendem a se manter medíocres, não sumiu completamente com o passar dos anos. É o que ressalta o economista e professor Douglas McGregor em seu livro *The Human Side of Enterprise*, ao explicar que muitos princípios organizacionais de hoje derivam dessa mentalidade tão enraizada na cultura das organizações. O pressuposto é que as pessoas naturalmente não gostam de trabalhar em seu potencial máximo e precisam ser controladas com rigidez para que realmente se esforcem – até porque, segundo essa teoria, a maioria das pessoas não tem grandes ambições e prefere ser dirigida em vez de assumir responsabilidades.

Atualmente, a maior parte das nossas funções não gera produtos finais que possam ser facilmente contados de forma a mensurar nossa produtividade de forma efetiva. Nosso trabalho é muito mais intelectualizado e criativo, mas, por conta desse histórico e da forma como as coisas são feitas desde a industrialização mais primitiva, por muito tempo não questionamos essas "verdades". Além disso, mesmo com a nossa remuneração por horas trabalhadas, não temos muita clareza do que é considerado bom em termos de produtividade e entregamos cada vez mais relatórios, planilhas, apresentações. Estamos cada vez mais loucos para fazer mais, sempre buscando novos meios de fazer as horas de trabalho renderem – e falhando miseravelmente nessa missão, pois sucumbimos à pressão da falta de tempo e do volume crescente de entregas (em contraste com equipes cada vez mais enxutas). Como consequência, não nos sentimos de fato agregando valor.

Fica a seguinte pergunta: será que não nos sentimos valorizados pelo que fazemos porque, na verdade, as organizações pressupõem que não temos essa ambição?

QUEM ESTÁ EM CIMA PENSA MAIS, QUEM ESTÁ EMBAIXO PENSA MENOS

A Teoria Clássica de Fayol empresta outros conceitos à realidade que vivemos hoje, uma vez que ela entende a empresa sob o ponto de vista da estrutura. Trata-se de uma forma de pensamento influenciada por outras organizações muito mais antigas do que a indústria, como a organização militar e a Igreja, caracterizadas pela rigidez e pela forte hierarquização. Entende-se nessa teoria que o ato de organizar se dá pela coordenação de atividades distintas em prol de um único objetivo. Assim, ela foi pioneira em salientar que as empresas apresentam seis funções diferentes. Uma delas é a administração, responsável por formular o programa de ação geral da empresa, enquanto as outras cinco são mais específicas: técnica, comercial, financeira, segurança e contábil.

Essas funções evoluíram com o passar do tempo e atualmente se dividem em novos departamentos, com novas responsabilidades. Mas o que quero destacar no pensamento de Fayol é que, diferentemente de Taylor, ele pregava que a função administrativa de prever, organizar, comandar, coordenar e controlar não é exclusiva dos níveis mais altos da organização. Ela está presente em todos os níveis, mas de forma proporcional – ou seja, quanto mais baixo na escala hierárquica, menor o volume de funções administrativas; e, quanto mais alto na escala hierárquica, mais alto é o nível das funções administrativas.

Figura 2: A proporcionalidade da função administrativa

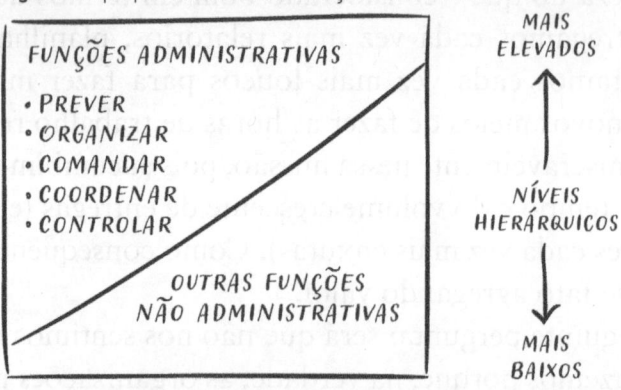

```
FUNÇÕES ADMINISTRATIVAS            MAIS
 • PREVER                         ELEVADOS
 • ORGANIZAR                          ↑
 • COMANDAR
 • COORDENAR                       NÍVEIS
 • CONTROLAR                     HIERÁRQUICOS
                                      ↓
      OUTRAS FUNÇÕES               MAIS
     NÃO ADMINISTRATIVAS          BAIXOS
```

Fonte: Adaptada de Chiavenato (2004, p. 82)

Em resumo, Fayol não dividiu os funcionários dentro da hierarquia de uma empresa separando-os entre os que pensam e os que fazem: ele ajustou a proporção. Isso me parece mais próximo da realidade atual, uma vez que os operários não eram meras extensões das máquinas. Eles poderiam, sim, cooperar com uma visão administrativa, mas tinham menos habilidades e qualificação para tal.

Hoje, nosso nível de escolaridade é bem mais elevado se comparado ao da maioria das pessoas no início dos séculos XX e XXI. Por isso, essa proporcionalidade de funções administrativas, que de certa forma perdura até hoje, nos afeta de forma a não ficarmos satisfeitos no trabalho. Afinal, não somos chamados a utilizar toda a nossa capacidade intelectual e, na maior parte do tempo, não sentimos estar colaborando para algo que realmente impacte a vida de forma positiva ou que deixe algum legado, por menor que seja.

As organizações defendem a ideia de "trabalhar com propósito", mas o que muitas não entendem é que o ser humano inteligente, capacitado e com alto potencial quer trabalhar pelo seu próprio propósito, e não ser apenas um braço operacional para atingir os objetivos da organização e dos seus chefes. Se no dia a dia não realizamos tarefas que de fato nos fazem sentir no controle e ativos intelectualmente, não nos damos por satisfeitos. Executar "outras funções não administrativas" não é o bastante.

AUTORIDADE

A divisão do trabalho é a razão da organização, pois ela permite que os funcionários sejam especializados e, portanto, mais eficientes. Na Teoria Clássica de Fayol, um elemento importante para a orquestração dos diferentes departamentos é a autoridade – que, segundo os princípios da teoria, deve ser centralizada e concentrada no topo da hierarquia.

A divisão das funções dentro dos departamentos pode ser feita de duas formas: verticalmente, sempre balizada pelos níveis de autoridade (ou seja, quem tem mais autoridade fica em cima, quem tem menos fica embaixo), e horizontalmente, de acordo com os diferentes tipos de atividades existentes na organização e distribuindo o mesmo nível de autoridade em diferentes departamentos.

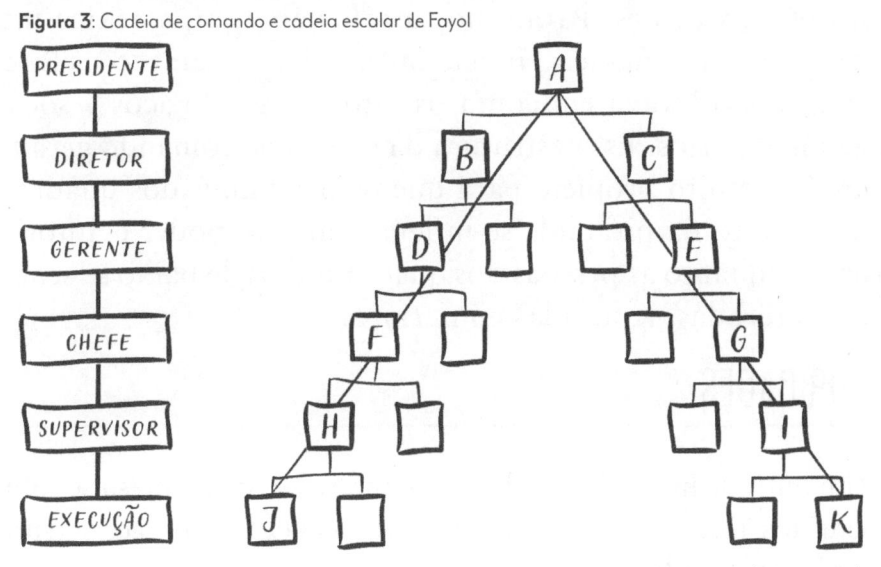

Figura 3: Cadeia de comando e cadeia escalar de Fayol

Fonte: Adaptada de Chiavenato (2004, p. 84)

Para organizar ainda mais a forma de trabalho das pessoas, foi elaborado o princípio da "unidade de comando". De acordo com ele, os operários devem receber ordens de uma autoridade única, o que resulta no que se chama de "organização linear". Esse princípio exigiu que os administradores estruturassem a distribuição das partes da organização (os departamentos) e a relação entre elas, construindo uma cadeia de comando em formato de pirâmide.

Perceba como esses princípios definiram completamente as regras do jogo que perduram até hoje dentro das empresas. A estrutura de autoridade centralizada, no topo e para poucos indivíduos, ainda nos acompanha – e acredito que vai perdurar por mais algum tempo. Apesar de ser uma tendência, ainda são poucos os exemplos de empresas menos verticalizadas, em que a autoridade é distribuída entre os indivíduos de forma mais igualitária. De qualquer forma, é importante pensarmos no que esse tipo de estruturação gera na mente das pessoas que fazem parte dela.

Não somente esse princípio, mas ambas as teorias clássicas – apesar de serem a base do sistema – sofreram amplas críticas, por diversas razões. Para a nossa reflexão aqui, a crítica mais relevante é que a maneira funcional como as organizações foram tratadas não levava em conta os fatores psicológicos e sociais dos funcionários. Essa estrutura da cadeia de comando gera um ambiente muito propício para que os ocupantes dos quadradinhos no alto da pirâmide se inflem com ego, poder e autoritarismo, enquanto as pessoas dos quadradinhos de baixo se sentem menosprezadas, ignoradas e inferiores.

PRIORIDADES

Um outro princípio defende que os interesses da empresa se sobrepõem aos interesses individuais das pessoas. Ele parece absurdo quando colocado dessa forma, pois atualmente o discurso das organizações é o de "nossas pessoas em primeiro lugar". Porém, na prática, o que reina é o medo que os funcionários têm do desemprego, e isso os motiva a continuar sobrepondo os interesses da organização aos seus próprios. Afinal, sempre há uma fila de candidatos dispostos a pender a balança da vida pessoal e profissional um pouco mais para o lado da empresa em troca de um bom salário.

As gerações passadas viveram essa lógica sem questionar, acreditando que "trabalho é assim mesmo", que "o importante é estar empregado, colocando comida na mesa", mas hoje não somos tão resignados e vivemos esse conflito. Todos os dias, em algum nível, abrimos mão de um interesse nosso – fazer uma atividade física, encontrar amigos após o expediente, buscar um filho na escola, entre outros – em prol dos resultados que precisam ser entregues à empresa. Mas percebemos que, no fim do dia, "colocar comida na mesa" sem estar saudável e presente talvez não seja o melhor negócio.

ESTABILIDADE

Esse último princípio defende que, quanto mais tempo a pessoa permanece no cargo, melhor para a empresa. Outra regra que parece absurda, mas que perdura velada dentro das organizações, já que ainda hoje vemos premiações por tempo de casa e recrutadores questionando a competência do candidato que apresenta no currículo uma passagem muito curta dentro de alguma organização. Mais uma vez, o questionamento disso na prática é muito recente. A geração millennial, mesmo enfrentando muitas críticas e sendo chamada de "geração mimimi", abalou as estruturas da administração clássica por não querer se manter anos a fio em uma mesma empresa, na mesma área ou no mesmo cargo se não encontrar satisfação genuína.

HUMANOS SÃO HUMANOS

Observando esses princípios que têm embasado a estrutura das organizações há um século, é possível entender a complexidade de confrontar toda essa engrenagem. Não são nossos pais ou nossos chefes que não gostam do nosso modo de pensar ou dos nossos questionamentos, é todo um conjunto de crenças baseadas no que um dia já foi o suprassumo da boa administração e da eficiência em gestão.

Mas nós não somos os únicos nem os primeiros a contestar essas teorias: já na década de 1930 surgiu, nos Estados Unidos, a Teoria das Relações Humanas, que complementou as teorias científica e clássica da administração a partir da Psicologia. Tudo começou com a chamada Experiência de Hawthorne, sob a liderança do pesquisador Elton Mayo. O objetivo era mensurar o efeito da iluminação das fábricas na produtividade dos funcionários. A observação se estendeu por cinco anos, correlacionando produtividade e elementos como cansaço, acidentes de trabalho, rotatividade de pessoal e outras condições de trabalho. As conclusões da experiência delinearam os princípios da teoria:

1) O nível de produção é resultante da integração social: o trabalho em grupo é mais importante do que a capacidade individual de cumprir uma tarefa.

2) Comportamento social dos empregados: as pessoas se comportam de forma a serem aceitas no grupo ao qual querem pertencer.

3) Recompensas e sanções sociais: os colaboradores colocam o respeito dos colegas de trabalho acima dos ganhos monetários. Lembra-se da vadiagem sistemática? Então, o princípio dela é este aqui.

4) Grupos informais: os pesquisadores observaram que os grupos sociais dentro das organizações nem sempre coincidiam com os grupos estruturais desenhados pelas teorias anteriores, e esses grupos informais têm grande influência sobre regras de comportamento, escala de valores sociais, crenças e expectativas de cada indivíduo.

5) Relações humanas: cada pessoa tem uma personalidade e influencia todas as demais com que tem contato, bem como é influenciada na mesma proporção, porque todas as pessoas querem ser aceitas.

6) Menor especialização gera maior satisfação: as pessoas não gostam de monotonia; então, por mais que tivessem suas funções bem definidas pela liderança, informalmente elas trocavam de posição. Isso reduzia a produtividade, mas aumentava a moral e a satisfação do grupo.

7) Ênfase nos aspectos emocionais: as pessoas vão além de suas capacidades mecânicas de produzir – existem elementos irracionais e não planejados que precisam ser levados em conta dentro das organizações.

Em resumo, o que Mayo concluiu já naquela época é que os objetivos de eficiência das organizações são naturalmente conflitantes e sufocam os objetivos de socialização – que, por sua vez, têm um potencial muito claro de satisfazer as pessoas. Assim, não basta a alta administração exigir, por meio da autoridade, que os subordinados se adaptem às regras, porque na teoria tudo é lindo, mas na prática as pessoas fogem desse controle rígido. Para nos mantermos motivados e produtivos no longo prazo, Mayo defende a combinação da nossa capacidade técnica com nossa natureza de cooperação.

ESCRITÓRIOS

Como consequência do desenvolvimento e da implementação dos princípios descritos nas teorias da administração (principalmente na científica, de Taylor), os escritórios se tornaram cada vez mais necessários, pois o trabalho burocrático, de controle e reporte, foi ficando cada vez mais sofisticado. Eram necessários muitos relatórios e análises para controlar meticulosamente a operação nas indústrias.

Segundo o livro *Cubiculados: Uma história secreta do local de trabalho*, de Nikil Saval, não existe consenso com relação à origem dos escritórios. Eles existem, de certa forma, desde que se criou a necessidade de manter registros nas organizações, mas a princípio eram muito mais tímidos do que os grandes prédios espelhados e imponentes que conhecemos hoje.

O que se sabe é que, no fim do século XIX e início do século XX, nos Estados Unidos, o trabalho dos "escriturários" não era bem visto pelas outras classes trabalhadoras, por não parecer natural (ficar sentado o dia todo escrevendo coisas) e não produzir nada além de registros em papéis com palavras e números. No entanto, com o passar dos anos, a estranheza inicial diminuiu e muitas cidades americanas viram crescer muito o percentual de pessoas que queriam deixar de trabalhar com as mãos para trabalhar com a mente.

Esse fenômeno se deu por dois motivos principais: primeiro, pelo pagamento oferecido aos escriturários – que, diferentemente dos operários que ganhavam por "peça produzida", passaram a ter salários anuais por horas trabalhadas; segundo, porque o trabalho burocrático aproximava os escriturários dos chefes e donos das fábricas – o que, na mente dos trabalhadores, aumentava as chances de eles se tornarem chefes também, alimentando o sonho da ascensão social.

O crescimento do trabalho nos escritórios também gerou uma maior valorização da educação. Por um lado, isso fez com que o conhecimento do trabalhador fosse mais valorizado pelos patrões. Por outro, contribuiu para o aumento da desigualdade no mercado de trabalho, já que a exigência de uma melhor educação fez com que imigrantes e pessoas negras – que em sua maioria não dominavam a "norma culta" do idioma, muito menos o vocabulário de negócios exigido pelo trabalho burocrático – fossem mantidos nas posições de trabalhos manuais, com renda menor.

No início, os escritórios ficavam no mesmo espaço físico das fábricas. Porém, com o avanço da engenharia, a capacidade de construir prédios mais altos e a invenção dos elevadores, do telefone e da máquina de escrever, além da expansão dos negócios em si, houve a necessidade de mais e mais pessoas para gerenciar e registrar as operações. A consequência foi o *boom* dos escritórios no formato mais parecido com o que conhecemos hoje: grandes prédios inteiramente dedicados ao trabalho burocrático, com uma série de departamentos e níveis hierárquicos que reproduziam o que já existia nas fábricas.

A lógica taylorista, de controle de produtividade, e a arquitetura das fábricas da época foram replicadas nos escritórios. Mas com o passar dos anos e sob influência das teorias humanistas, os donos das empresas com áreas administrativas bem grandes começaram a perceber que, se as pessoas deixassem de ser tratadas como máquinas e o trato com funcionários passasse a considerar fatores biológicos e psicológicos, as pessoas se tornariam mais produtivas. Dessa forma, nasceram os escritórios "humanizados", com menos paredes, mais luz natural, boa circulação de ar e elementos arquitetônicos que faziam os funcionários se sentir parte de uma classe superior à dos operários das fábricas (embora ainda não tão refinada como a dos donos das empresas). Acreditava-se que isso manteria as pessoas motivadas a trabalhar mais, aspirando pelos níveis hierárquicos mais elevados.

Com a evolução da engenharia, arquitetura e tecnologia, o ambiente de trabalho foi se modernizando mais e mais. Paredes caíram, paredes subiram, cubículos foram uma revolução (mas logo deixaram as pessoas claustrofóbicas). Amenidades como academia, espaço para alimentação e atendimento médico se tornaram mais comuns dentro desses espaços, já que os centros empresariais se tornaram áreas muito valorizadas nas cidades e os funcionários passaram a morar mais longe – assim, as organizações precisavam mantê-los no escritório pelo maior tempo possível para que não perdessem produtividade.

Em relação ao local de trabalho, podemos apontar apenas duas grandes mudanças recentes, anteriores à pandemia de 2020, ambas capitaneadas por grandes empresas de tecnologia: as políticas de home office, viabilizadas pela alta digitalização e globalização do trabalho, e a amplificação das amenidades que um escritório pode oferecer, visando aumentar a capacidade criativa das pessoas (e não só mais sua produtividade), uma vez que essa habilidade gera vantagem competitiva para os negócios através da inovação. Vimos a criação de uma infinidade de áreas de descompressão, como salas de jogos, estúdios de música e até tobogãs.

Em resumo, o layout dos escritórios mudou, se modernizou e se adaptou às novas necessidades dos negócios ao longo dos anos. Entretanto, de maneira geral, o modelo de trabalho e gestão continuou o mesmo: centrado nos interesses das organizações e visando a alta produtividade dos funcionários a qualquer custo, exatamente como acontecia nas fábricas.

O SISTEMA

Agora que você conhece um pouco mais da história, quero dizer que, como subordinado, por mais que você tenha sido contratado pela sua capacidade de liderança, propensão à ação, habilidade de trabalhar bem em grupos, inteligência emocional ou raciocínio lógico, entre outras tantas qualidades, dentro da empresa você é a base da pirâmide. Isso significa que, apesar de todo o seu caminho trilhado até aqui, o que o sistema espera é que você execute bem as tarefas que lhe são atribuídas e entregue suas atividades no prazo e sem muitos erros.

Os gestores são pagos para pensar mais e nós somos pagos para fazer mais. Sabemos que, atualmente, bons gestores e boas empresas desenham o escopo de trabalho dos colaboradores a partir das suas fortalezas. Já é senso comum que é necessário manter um funcionário trabalhando naquilo que ele é talentoso para que ele seja realmente eficiente, colabore para melhorias de processos, inove e seja um potencial líder no futuro – mas, querendo ou não, isso não se sobrepõe ao fato de que você entrou para a cadeia de comando.

Além disso, as organizações estão focadas em proporcionar uma boa experiência para que você se torne um defensor da marca corporativa. Porém, no fim, de um jeito ou de outro, em uma empresa boa ou não, com um gestor bom ou não, as empresas ainda estão formatadas para que a base da pirâmide execute – ou seja, use proporcionalmente mais os braços do que a cabeça. Afinal de contas, alguém precisará enviar os e-mails que precisam ser enviados na hora em que eles precisam ser enviados, alguém vai fazer as reuniões táticas e operacionais que precisam ser feitas na hora em que elas precisam ser feitas, alguém entregará o material, o relatório mensal, o *dashboard*, o *scorecard*, a análise, a apresentação, a planilha... tudo isso, na hora em que precisa ser feito.

O que não se pode negar é que esse *modus operandi* tem gerado mais desmotivação e insatisfação atualmente do que gerava antes, e me parece que as organizações estão se esforçando para solucionar esse entrave, mas sem muita coragem de fazer mudanças realmente disruptivas, salvo poucas exceções. O ponto é que, se no passado as empresas resolviam a desmotivação de seus funcionários derrubando e construindo paredes, era porque as pessoas tinham outra mentalidade. Hoje nos motivamos por razões que aparentemente o ambiente corporativo não tem conseguido nos proporcionar.

Isso posto, não estou aqui para transmitir a mensagem do apocalipse e sair correndo, mas para apresentar o meu ponto de vista sobre algumas possíveis soluções para essa questão. Portanto, faço o convite para que você aceite, sim, a sua posição de subordinado dentro da empresa, porque o sistema não vai mudar completamente do dia para a noite. E eu também quero que você entenda, de uma vez por todas, que suas tarefas dentro de uma organização não poderão ser fonte inesgotável da sua satisfação, motivação e felicidade – nada que venha de fora poderá exercer esse papel. O que precisamos entender é que somos protagonistas das nossas carreiras, e o que nós construímos para ela, de dentro para fora e em qualquer organização, pode, sim, ser fonte de felicidade e satisfação mais perenes.

O FUTURO DO TRABALHO

O conceito de protagonismo de carreira não é uma ideia inventada por mim. O Fórum Econômico Mundial já ressaltou a importância do papel do indivíduo para a construção do futuro do trabalho. Essa visão aparece no reporte *The Future of Jobs*, de 2016, para o qual foram entrevistados grandes líderes das nove maiores indústrias do mundo, que representam mais de 13 milhões de funcionários nas 15 maiores economias globais, entre elas o Brasil. Foi a primeira publicação de uma série, que teve revisões nos anos de 2018 e 2020.

Estamos vivendo a 4ª Revolução Industrial, marcada pela alta evolução da digitalização e pela rápida expansão da tecnologia ao redor do mundo. Todos os setores da economia global estão sendo afetados de forma inédita por uma massiva substituição da força de trabalho humana pela tecnológica em determinadas funções. Em

SUBORDINADOS, ATENÇÃO: TOMEM SUAS POSIÇÕES PARA CONSTRUIRMOS UM FUTURO DO TRABALHO MAIS EQUILIBRADO

@OSUBORDINADO

contrapartida, surgem novas demandas de trabalho, justamente por causa da adoção desses novos modelos operacionais digitalizados.

Além disso, fala-se sobre outros fatores, além da tecnologia, que estão modificando o cenário dos empregos hoje e no futuro. Entre eles estão o crescimento da classe média, as mudanças climáticas, a volatilidade geopolítica, o aumento da longevidade, a participação mais ativa de jovens em sociedades emergentes, a ampliação da participação das mulheres na atividade econômica (e as mudanças de prioridades decorrentes disso) e, por fim, a elevada urbanização esperada para os próximos anos. Contudo, o fator mais relevante, apontado como principal tendência por 44% dos respondentes no reporte de 2016, é o fato de que a massificação dos meios de trabalho remoto e flexível fará com que as empresas fiquem mais dispostas a reduzir seu quadro de funcionários fixos e contar com uma gama maior de indivíduos trabalhando por projetos, de qualquer lugar do mundo.

É importante mencionar que essa estatística do reporte de 2016 projetava tendências para o ano de 2020. Naquela época, não se imaginava a ocorrência da pandemia de coronavírus que estamos vivendo (parênteses para explicar que escrevo este parágrafo em julho de 2020. No Brasil os novos casos da doença – e as mortes provocadas por ela – não param de crescer. Ainda não temos vacina e eu, em uma situação bastante privilegiada se comparada à de outros brasileiros, não tenho previsão de voltar ao escritório). O que eu quero dizer é que, se antes da pandemia o trabalho remoto e flexível já era uma forte tendência, durante a pandemia ele foi imposto; e, ao que tudo indica, no pós-pandemia ele será adotado em larga escala. Segundo relatório da Cushman & Wakefield divulgado pelo site InfoMoney em 8 de maio de 2020, 40,2% das empresas que não trabalhavam com a modalidade de home office passarão a adotá-la de forma definitiva no futuro.

Assim, a tendência levantada pelo reporte, somada à catalização provocada pela pandemia, aponta que, quando se trata de futuro do trabalho, não temos que nos preocupar somente com a possibilidade de substituição direta de pessoas por tecnologia, até porque os dados mais recentes demonstram um equilíbrio maior entre o desaparecimento de algumas funções e o surgimento de outras.

Nossa atenção precisa se voltar para a necessidade de flexibilização do formato das relações de trabalho. Neste momento, por força da alta volatilidade dos novos tempos, estamos nos descolando do que existia antes. Assim, a carreira no futuro tende a não ser fixa a uma empresa, nem a uma localização ou setor, a nada.

Os relatórios do Fórum Econômico Mundial ao longo dos anos apontam que empresas e governos têm um papel importante na construção do futuro do trabalho, para regular essas novas relações mais fluidas. Mas nós, como indivíduos, também precisamos reagir de forma proativa. Precisamos buscar aprendizagem contínua e desenvolver nossa habilidade de adaptação, de forma a não ficarmos estagnados, executando tarefas redundantes e pouco produtivas se comparadas ao que a tecnologia pode fazer. Precisamos usar nossas competências humanas para atuarmos em parceria com as mudanças tecnológicas, estabelecendo, assim, a chamada transformação digital.

O que os estudos apontam é que as habilidades humanas mais valorizadas no mercado de trabalho serão aquelas que beneficiam as organizações e os indivíduos simultaneamente, como análise crítica, resolução de problemas, autogestão, trabalho em equipe e comunicação. Aprendizagem contínua é prática mandatória: 94% dos líderes de negócios esperam que seus funcionários adquiram novos conhecimentos até 2025, mas se engana quem pensa que eles estão falando só de conhecimento em tecnologia. Para nos mantermos competitivos no mercado, temos que buscar um equilíbrio entre desenvolvimento técnico e pessoal, missão em que podem ajudar práticas como meditação, *mindfulness* e gratidão.

Particularmente, eu gosto dessa direção para onde estamos levando o futuro do trabalho, pois o comportamento humano sempre interferiu intensamente nos negócios. Portanto, neste momento, ao ser considerada abertamente como um fator-chave para o sucesso, no mesmo patamar das habilidades técnicas, a busca por equilibrar os interesses das organizações e dos colaboradores trará um impacto positivo como nunca antes.

A recomendação é não esperarmos mais essa posição das empresas. Para termos um futuro mais sustentável nos postos de trabalho, precisaremos buscar o desenvolvimento das habilidades primordialmente humanas e gerenciar nossa carreira de forma autônoma. Assim, conseguiremos circular, como força de trabalho, com a fluidez e o dinamismo que o mercado está exigindo e exigirá cada vez mais.

CAPÍTULO 2

SOBRE NÓS

MOTIVAÇÃO: O QUE TE MOTIVA, NA REAL?

Douglas McGregor, em seu livro *The Human Side of Enterprise*, ressalta que os engenheiros não culpam a água pelo fato de ela descer a ladeira ao invés de subir. Afinal, não se luta contra a natureza. O que é preciso, na verdade, é controlar o comportamento natural da água, de forma que ele atenda nossas expectativas. Então, por que será que, quando se trata de gestão de pessoas, os líderes parecem esperar, sim, que a água suba a ladeira – ou seja, que nos comportemos de forma antinatural em prol dos resultados da companhia? Mesmo havendo conhecimento disponível sobre o comportamento humano, a realidade que vivemos nas organizações é esta: somos compelidos a nos adaptar às necessidades da empresa, ignorando muitas vezes nossa natureza humana.

Comumente se fala sobre dois tipos de motivação: a intrínseca (aquela que vem de dentro de nós, quando nossa mente fica em êxtase com a possibilidade de realizarmos determinado feito, sem importar a recompensa) e a extrínseca (que vem de fora, como quando esperamos reconhecimento dos nossos pais, um tapinha nas costas dos nossos gestores ou, ainda, alguma compensação em dinheiro).

Segundo o artigo *One type of motivation may be key to success*, publicado pela revista *Science*, alguns especialistas afirmam que os dois tipos de motivação são eficientes, mas a maior parte dos estudos nessa área se concentra nos objetivos de curto prazo. Quando se trata de gestão de carreira, precisamos avaliar um período maior de tempo, pois os objetivos geralmente levam anos para serem atingidos. E foi exatamente essa análise de longo prazo que os psicólogos Amy Wrzesniewski e Barry Schwartz (das universidades de Yale e Swarthmore, respectivamente) fizeram, a partir de dados coletados pelo exército americano durante 14 anos mostrando os fatores que motivaram mais de 10 mil jovens a entrar na concorrida U.S. Military Academy. As respostas permitiram aos pesquisadores classificar cada jovem em uma escala de "mais motivado por fatores internos" a "mais motivado por fatores externos", passando por aqueles que tinham "motivação interna e externa equilibrada". Posteriormente, foi possível triangular essa classificação com as conquistas de cada um deles, respondendo, assim, à grande questão: quais motivadores nos fazem chegar mais longe?

Bom, segundo essa pesquisa robusta, mesmo considerando fatores como a realidade socioeconômica dos participantes, a motivação interna se mostrou essencial: cadetes com maior nível de motivação interna tinham uma chance 20% maior de atingir o objetivo de entrar na Academia Militar do que a média total. Porém, o que mais me chamou atenção nesse estudo foi outra descoberta: quando há um equilíbrio de motivadores internos e externos, ou seja, quando os cadetes estavam genuinamente interessados pelo trabalho e o achavam significativo, mas igualmente valorizavam bons salários e reconhecimento, eles tinham uma chance 10% menor de seguir a carreira militar e 20% menor de ser promovidos rapidamente. Assim, os psicólogos concluíram que a motivação interna, apesar de poderosa, é também bastante frágil, pois é facilmente abafada por motivadores externos, o que aumenta as chances de falha.

Com essas constatações em mente, pergunto: o que motiva você hoje? Esqueça um pouco o passado, não estou questionando suas motivações para ter chegado aonde está, mas o que fará você levantar amanhã e ir trabalhar. Se a primeira coisa que vier à sua mente for "minhas contas para pagar", "o bônus no final do ano" ou "o orgulho que meus pais/companheiro/filhos sentem de mim", saiba que esse motivador não é de grande ajuda. Ele não motiva de fato; na verdade, é apenas uma ilusão e não fará você ir mais longe. Para algumas pessoas, talvez ele não seja capaz nem de dar força suficiente para se levantar da cama.

Sinto informar, mas um salário maior ou uma promoção não vai nos motivar a seguir felizes pelo caminho do desenvolvimento pessoal, do protagonismo de carreira, da conquista de qualquer objetivo. Isso porque não é natural para nós, seres humanos, buscar essas coisas. *Dinheiro não é fim, é meio*. Não somos o *homo economicus* da teoria de Taylor, completamente motivado pela recompensa salarial. Nós abrimos mão, sim, de ganhos econômicos em troca de aprovação social e senso de pertencimento, caso nossas necessidades

O SUCESSO TEM CHEIRO

@OSUBORDINADO

fisiológicas e de segurança estejam satisfeitas – o que não é incomum para boa parte de nós.

Aqui, nosso objetivo é ir além, pois há também fatores relacionados ao ego (como autoestima e autoconfiança) que nos motivam e nos satisfazem. Esses sentimentos são menos tangíveis e, por isso, fica mais difícil reconhecer quando chegamos a um nível satisfatório. Por exemplo: eu posso definir que reconhecimento profissional para mim é ser chamada para fazer uma palestra de graça no exterior, enquanto para você é ver o sorriso de um cliente satisfeito. Essa complexidade torna mais difícil perceber quando não estamos satisfazendo esses desejos do ego. E, assim como a insatisfação das nossas necessidades fisiológicas gera doenças, a falta de satisfação das necessidades do ego pode se manifestar como depressão e ansiedade.

Essa constatação é muito importante para nós, colaboradores, porque tanto a liderança quanto nós mesmos costumamos acreditar que o motivo de não atuarmos no auge de nossa performance é a insatisfação com cargo, salário e benefícios. Na maioria dos casos, porém, não se trata disso. Na verdade, o que acontece é que não estamos com nossa autoestima elevada, não estamos autoconfiantes e não nos sentimos reconhecidos intelectualmente no trabalho. *Compreender essa ideia é fundamental. Se ela não ficou clara para você, leia novamente.* A explicação para sua insatisfação e falta de motivação não está em seu salário ser x (em vez de 2x) ou em você ser coordenador (e não gerente).

Mas como resolver essa situação? Bom, o que nos motiva a ser melhores, estimula nosso desenvolvimento e satisfaz as necessidades do nosso ego, como já falamos, varia de pessoa para pessoa. Por isso é tão importante elaborar uma *definição pessoal* muito clara do que eleva sua autoconfiança, aumenta sua autoestima e promove uma sensação de pertencimento. Quando você tiver essas definições, poderá finalmente sintetizar o que gera motivação e satisfação em sua vida.

Uma quebra de paradigma importante para mim foi dissociar os conceitos de felicidade, motivação e sucesso. É comum considerar que essas coisas estão muito interligadas, mas hoje prefiro pensar nelas assim:

Figura 4: Relação entre felicidade, motivação e sucesso

```
         AUTOESTIMA | AUTOCONFIANÇA | PERTENCIMENTO

  MOTIVADOR →  MOMENTO DE   MOTIVADOR →  MOMENTO DE   MOTIVADOR →  MOMENTO DE
               SUCESSO 1                 SUCESSO 2                 SUCESSO 3

                              FELICIDADE
```

Fonte: Elaborada pela autora.

Você perceberá que eu gosto de recorrer à semântica para atribuir às palavras o lugar "correto" na minha mente e, assim, organizar as emoções.

"Felicidade":
» estado de espírito de quem se encontra alegre ou satisfeito; alegria, contentamento, fortúnio;
» acontecimento ou situação feliz ou alegre; sorte, sucesso, ventura.

"Sucesso":
» aquilo que sucede; acontecimento, fato;
» qualquer resultado de negócio;
» bom resultado, êxito, sucedimento;
» pessoa ou coisa que alcança grande popularidade.

"Motivador":
» conjunto de processos que dão ao comportamento uma intensidade, uma direção determinada e uma forma de desenvolvimento próprias da atividade individual.

[Dicionários Michaelis e Houaiss]

Como podemos ver, os conceitos de "felicidade" e "sucesso" estão de certa forma conectados, mas é prudente pensarmos nas duas coisas de maneira separada. É essa forte ligação entre felicidade e sucesso, como acontecimento ou resultado, que tem fomentado a cultura de que só podemos ser felizes se alcançarmos determinadas coisas em nossas vidas. Porém, é muito arriscado viver sob essa crença, pois a chance de atingirmos o sucesso costuma ser equivalente à de não conseguirmos. Atrelar nossa felicidade somente a essa possibilidade nos faz criar expectativas de que seremos plenos se conquistarmos isso ou aquilo e que, do contrário, seremos os mais infelizes dos homens, mas há comprovação de que isso não é verdade.

Dan Gilbert, psicólogo da Universidade de Harvard, desenvolveu uma pesquisa sobre esse tema. Em seu TED Talk, ele pergunta para as pessoas da plateia em qual situação elas seriam mais felizes: se ganhassem na loteria ou se ficassem paraplégicas? As pessoas riem, como se a resposta fosse lógica, mas logo em seguida ele mostra os resultados de um estudo feito com indivíduos que de fato ganharam na loteria ou ficaram paraplégicos. Passado um ano do ocorrido, ambos os grupos sentiam o mesmo nível de felicidade. Gilbert explica que isso ocorre porque o cérebro tende a projetar de forma exagerada as consequências de determinados acontecimentos, o que nos faz imaginar que seremos mais infelizes ou felizes do que de fato seremos. Eu adoro essa teoria, pois ela dá lastro para duas coisas em que acredito muito: (1) conquistar aquele cargo não vai nos fazer tão felizes quanto imaginamos; portanto, aquela cadeira não pode ser o único sinônimo de sucesso e a única fonte de felicidade em nossas vidas; (2) o ser humano tem uma habilidade incrível de adaptação; independentemente do que acontecer em nossas vidas, seja ganhar na loteria ou perder o movimento das pernas, vamos nos adaptar e encontrar caminhos para sermos felizes nesse novo cenário.

Conhecendo essa teoria e tantas outras no curso *The Science of Well-Being*, da Universidade de Yale – que fiz por meio da plataforma on-line Coursera –, entendi que a felicidade mora no dia a dia e em todos os momentos em que posso respirar, em que posso enxergar, em que estou certa de que as pessoas que amo estão seguras, em que temos saúde. Entendi que mesmo na adversidade pode haver felicidade. Por exemplo: se estou com um ente querido no hospital, tomar um lanche com ele me faz feliz, e isso não me torna "louca", mas capaz de me adaptar, de mudar o padrão do que me alegra de acordo com o momento presente. Minha felicidade não está conectada ao passado ou ao futuro, porque essas duas coisas não existem. Não vivo nem um minuto atrás, nem um minuto à frente.

Você pode estar pensando: *"tá bom, minha filha... Papo de bicho-grilo pra cima de mim, não. Tenho certeza de que você não é esse 'Buda' todo"*. Você tem razão: eu não sou mesmo, mas exercito minha mente e é exatamente isso que eu chamo de motivação. Essa força motriz, essa habilidade de criar minha realidade, de criar rotinas, de estar atenta e direcionar comportamentos que me ajudam a adaptar o que for preciso para que eu siga em determinada direção.

Quando percebemos que por "motivador" podemos entender um "conjunto de processos que dão ao comportamento uma intensidade", não tem como culpar os outros por nossa falta de capacidade de seguir na direção que almejamos. O comportamento é nosso – ninguém colocou uma arma na nossa cabeça e disse "fique aí sentado sem fazer nada", "não busque outro projeto, fique com sua listinha aí que já está bom", "não faça esse curso, vai ocupar muito tempo da sua vida". Fomos nós mesmos que decidimos não sair do ponto A para o ponto B – nós mesmos, sozinhos, fazendo uma escolha nossa. Se não somos capazes de nos mexer, não encontramos o "motivador" correto. Mas, quando o encontramos, fica evidente como muda não apenas o nosso comportamento para irmos em direção ao que queremos, mas também a nossa rotina, a nossa forma de pensar e a capacidade de nos adaptarmos.

E o sucesso? Bom, esse sim é pontual. Por definição, ele é um acontecimento, um fato. Para mim, é fácil entender isso quando visualizo certas experiências do passado. Em determinada época, minha definição de sucesso era "o momento em que eu estiver na frente da Torre Eiffel, em Paris". Então, eu direcionei todos os meus esforços para viver isso, e vivi... Fiquei um dia inteiro sentada lá na frente. Saí de lá pensando "ok, qual o próximo objetivo?" Eu agia assim de forma muito natural, mas depois de fazer um curso de *coaching* entendi que essa visualização do momento de sucesso é uma ferramenta muito poderosa. O cérebro, ao imaginar determinada situação, consegue produzir emoções como se estivéssemos de fato vivendo aquele momento. Isso emite sinais para o corpo todo, e a sensação boa que fica conosco é muito motivadora. Afinal, racionalmente sabemos que viver aquilo de verdade terá um sabor ainda mais especial.

Com isso, convido você a fazer um exercício. Peço que se baseie em fatos e histórias da sua vida, não em ideais dos outros ou no que "geralmente faz as pessoas se sentirem assim". Este exercício é sobre você. Vamos lá: O que geralmente faz você se sentir com a autoestima elevada? Visualize um momento em que você olhou para si no espelho e disse: "eu sou f*da".

1) O que deixa você autoconfiante? Autoconfiança é aquele sentimento de que você pode fazer o que se propõe, de que é capaz de dar o melhor de si; você fica seguro. Pense em um momento em que você olhou para um problema ou objetivo e disse: "deixa comigo, eu mato no peito".

2) Em quais ambientes você se sente pertencente? Com que tipo de pessoas você geralmente tem mais afinidade? Sobre o que elas falam, como se vestem? São formais ou informais? Que valores vocês têm em comum? Pense em um momento em que você olhou ao redor e pensou "eu queria poder ficar mais tempo aqui com essas pessoas" ou "nossa, queria muito ser amigo delas".

Respondendo a essas perguntas, podemos encontrar pistas do que nos motiva de verdade – ou seja, quais comportamentos estaríamos dispostos a assumir para seguir em determinada direção. Como eles refletem o nosso potencial e, portanto, aumentam a nossa autoestima? Quais atitudes tomaríamos se estivéssemos nos sentindo seguros? Em que ambientes queremos viver nossos momentos de sucesso? Reflita sobre isso sempre levando em conta que a felicidade é adaptável e, logo, pode ser perene.

EMPLOYEE EXPERIENCE: POR QUE A EMPRESA QUER VOCÊ MOTIVADO?

Ao longo dos anos, instituições como a Great Place to Work e a Gartner (para citar duas grandes consultorias reconhecidas globalmente) se dedicaram a evoluir não só a conversa, mas principalmente as ações ligadas ao bem-estar dos funcionários, e pensando além da infraestrutura do ambiente de trabalho. Em um artigo para a Forbes em 2018, a especialista Denise Lee escreveu que aquele seria o ano da *Employee Experience* (EX) – em tradução livre, "Experiência do Colaborador", uma releitura da famosa *Consumer Experience* (CX – Experiência do Consumidor) –, estratégia em que muitas empresas têm concentrado esforços e investimentos para criar vantagem competitiva.

Na definição de Denise, EX é a soma de todas as experiências que um colaborador tem com uma organização, do primeiro contato ainda no processo de recrutamento até o momento em que o contrato firmado entre eles termina. O grande objetivo do conjunto de ações que compõem a estratégia de experiência do colaborador é reter funcionários, aumentar o retorno sobre o investimento (ROI) feito em treinamentos e benefícios, transformar todas as pessoas que fazem parte da organização em "advogados" da empresa – colaborando para o *equity* (percepção de valor) positivo da marca empregadora – e, por fim, prover uma estrutura e um ambiente que tenham o potencial de motivar os funcionários e deixá-los mais felizes, realizados e produtivos.

Eu gosto da ideia de empresas que se conectam com essas práticas de gestão de pessoas e realmente se esforçam para aplicá-las e torná-las parte de sua cultura organizacional. Faz toda a diferença você participar de um processo seletivo humanizado, estruturado, com feedbacks constantes, em que logo de cara são apresentados os valores da empresa para que você defina se eles estão ou não alinhados aos seus, com transparência em relação aos desafios que você irá enfrentar. Em empresas que se preocupam com EX, o funcionário que entra na companhia passa por um processo estruturado de *onboarding* (boas-vindas) que vai além de integrações com o RH nos primeiros dias. Esse processo garante, por exemplo, que a equipe de trabalho do recém-contratado saiba de sua chegada e possa organizar um almoço ou café conjunto no primeiro dia, que sejam disponibilizados materiais e treinamentos durante os primeiros meses e que, se o contrato acabar, haja um cuidado com relação às entrevistas de desligamento – e que todo o feedback ali coletado seja combustível real para melhorias constantes.

Os especialistas em gestão Chan Kim e Renée Mauborgne, criadores da Estratégia do Oceano Azul, levaram a EX mais além, dizendo que engajar os colaboradores é essencial para garantir o sucesso das estratégias de negócio; caso contrário, há o risco de comprometer completamente a execução da estratégia elaborada pela liderança. Os autores recomendam que esse engajamento seja feito através do que eles chamam de "processo justo", que nada mais é do que o envolvimento das pessoas na elaboração da estratégia organizacional.

É recomendado que a liderança explique o porquê de determinadas mudanças, gerencie expectativas com relação ao tempo de duração do processo, apresente prós e contras e mostre o que é esperado de cada um para a implementação. Por fim, é necessário criar espaço para que nós, colaboradores, possamos dar nossas opiniões de forma a nos sentir valorizados intelectualmente por nossas capacidades. O resultado é que os funcionários terão conexão emocional com o projeto, por conta da percepção de reconhecimento e pertencimento.

Dessa forma, os líderes conseguem fazer com que os colaboradores confiem e cooperem voluntariamente na execução de qualquer tarefa, motivados de dentro para fora, sem a necessidade dos incentivos tradicionais da "cenoura" ou do "chicote" (dinheiro ou autoridade). Kim e Mauborgne ressaltam que pessoas motivadas por meio da estratégia do processo justo se tornam um ativo intangível muito valioso, a ponto de representar uma vantagem competitiva em relação aos concorrentes. Afinal, elaborar uma estratégia bem-sucedida nesse sentido demanda uma mudança de cultura organizacional

O MAIOR RESPONSÁVEL PELA SUA CARREIRA É VOCÊ MESMO!

@OSUBORDINADO

que leva tempo para ser desenvolvida e consolidada – diferentemente de outras proposições mais facilmente "imitáveis", como a criação de valor para os consumidores e a lucratividade.

Por fim, o que eu quero que você perceba é que a razão de existir dessas estratégias motivacionais são os problemas de rotatividade, as baixas notas na pesquisa de clima organizacional, os altos índices de despesas com afastamento e a vontade da empresa de que suas estratégias sejam executadas e acatadas por nós, colaboradores. A *Employee Experience* tem como consequência o bem-estar e o reconhecimento das nossas habilidades, mas seu objetivo central é beneficiar a empresa em primeiro lugar. Portanto, se por acaso essas estratégias deixarem de fomentar os objetivos da organização, pode apostar que elas serão repensadas... E quer saber? No fim, está tudo bem.

O meu objetivo aqui não é depreciar todo o esforço das organizações, porque reconheço que elas percorreram um longo caminho até aqui para considerar minimamente seus funcionários como seres humanos completos, e não como máquinas de produtividade. Mas o meu alerta é que, já que as empresas estão se esforçando para desenvolver ações pensando em seus colaboradores – com o objetivo de obter melhores resultados para aquilo que é de seu interesse –, nós, como funcionários, precisamos equilibrar a balança e desenvolver ações que trarão melhorias para o que é do nosso interesse.

Com a junção dessas duas perspectivas, acredito que os dois lados sairão ganhando. Tendo mais clareza dos seus motivadores, dos seus valores e do que os faz felizes, os funcionários buscarão entrar e permanecer em organizações condizentes com suas expectativas. Do outro lado dessa mesma moeda, as empresas dependerão da transparência e da atenção às experiências que proporcionam aos colaboradores para obter e melhorar seus resultados de atração e retenção, e também para garantir a execução bem-sucedida de suas estratégias.

Figura 5: Equilíbrio de interesses

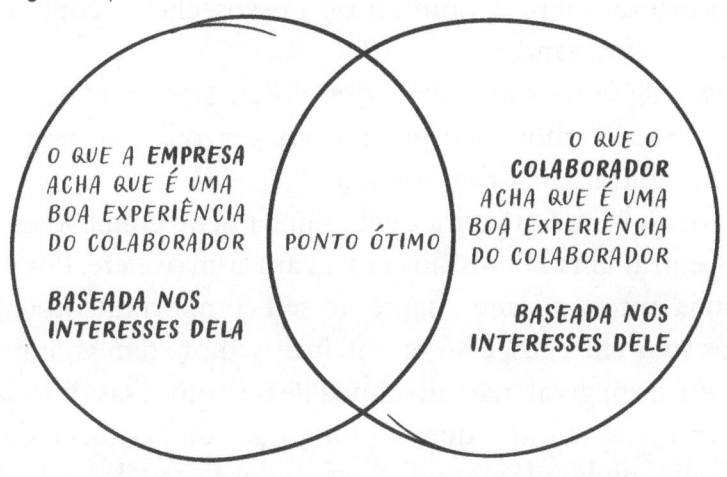

O QUE A **EMPRESA** ACHA QUE É UMA BOA EXPERIÊNCIA DO COLABORADOR

BASEADA NOS INTERESSES DELA

PONTO ÓTIMO

O QUE O **COLABORADOR** ACHA QUE É UMA BOA EXPERIÊNCIA DO COLABORADOR

BASEADA NOS INTERESSES DELE

Fonte: Elaborada pela autora.

FEEDBACK: COMO AS RELAÇÕES NAS ORGANIZAÇÕES NOS MOTIVAM?

"Feedback" é uma palavra em inglês que significa, em tradução livre, "opinião sobre a sua performance". É difícil encontrar em português um termo que traduza bem esse significado por completo; para mim, a palavra que mais se aproxima disso é "parecer", no sentido de opinião e julgamento. Gosto de fazer esse paralelo porque, na minha visão, os feedbacks dentro das organizações se tornaram tão tensos porque representam um suposto "momento da verdade", em que saberemos abertamente qual o julgamento que nossos superiores e pares fazem de nós. Isso nos coloca em uma posição de vulnerabilidade, com medo da vergonha, e ativa nossos mecanismos internos de comparação depreciativa.

Vulnerabilidade é um tema importante e que ganhou destaque após os estudos da Ph.D. Brené Brown, responsável por um dos TED Talks mais famosos do mundo e uma série de livros *best-sellers* sobre o tema. A especialista dá uma definição simples – mas muito bem embasada, depois de 12 anos de estudo – para vulnerabilidade: uma sensação de incerteza, risco e exposição emocional. São emoções ativadas nos momentos de feedback de forma muito negativa:

» incerteza sobre a opinião de nossos chefes com relação à nossa performance;
» risco de sermos mal avaliados e perdermos nossos empregos;
» exposição emocional por termos vergonha ao perceber que nossas fraquezas foram notadas.

Que atire a primeira pedra quem nunca ficou com frio na barriga antes de entrar em uma sessão cara a cara com o chefe. Por mais que você esteja autoconfiante quanto ao seu comportamento e à qualidade das suas entregas, esses momentos sempre têm algum nível de tensão, pois, em geral, não gostamos de ter conversas difíceis. Brené Brown inclusive ressalta que, ao longo de sua pesquisa, constatou que "a vulnerabilidade está no âmago do processo de feedback" não só para quem recebe o parecer, mas também para quem o fornece.

Isso fez com que essas conversas se tornassem cada vez mais raras dentro das organizações, ficando muitas vezes restritas aos momentos definidos pela área de recursos humanos, no formato de avaliação de desempenho obrigatória. Isso é muito ruim, pois está comprovado que feedbacks contínuos aliados a metas claras são essenciais para o bom desempenho dos funcionários. Além disso, abrir-se para esses momentos de troca – entendendo que a vulnerabilidade intrínseca a eles não é ruim, mas uma demonstração de coragem e uma abertura para o desenvolvimento pessoal – nos ajuda a de fato crescer como pessoas, profissionais e colegas de trabalho.

Isso posto, quero deixar claro que não há como sermos protagonistas de nossas carreiras sem feedback, e ponto. O meu convite aqui é para aprendermos a nos desprender do desconforto e encarar essa prática com naturalidade, coração aberto e humildade, ressignificando e normalizando esses momentos em nossas carreiras, de modo que eles se tornem mais contínuos e proveitosos.

Antes de falarmos sobre as práticas que eu já testei e que hoje recomendo que você seja um requisitante ativo de feedbacks (e tire o melhor proveito deles), não posso ignorar o fato de que algumas pessoas realmente têm traumas com esses momentos. Se já houve uma conversa que atingiu você profundamente, que tenha sido humilhante e tenha impactado seriamente a sua autoestima, procure ajuda profissional para se recuperar antes de lidar com novas experiências nesse sentido. Infelizmente, alguns gestores não são devidamente preparados para nos auxiliar da forma mais adequada e cometem erros inaceitáveis – como dar pareceres em público, não estruturar o discurso para falar de forma não violenta sobre pontos a melhorar e, pior, não sugerir soluções ou planos de melhoria e desenvolvimento, simplesmente jogando na nossa cara os problemas, como se feedback fosse uma ocasião para "lavar a roupa suja".

Há gestores que dão feedback de forma abusiva, com gritos e palavras de baixo calão. Há outros, ainda, que mencionam coisas que não são pertinentes à organização, como aparência, forma de se vestir e falar, comportamento fora do ambiente de trabalho ou nas redes sociais... Enfim, nesses casos reporte-se à área de recursos humanos ou de compliance da organização, pois você pode estar sofrendo abuso moral.

Voltando ao parecer construtivo, existem três fatores-chave para o sucesso de um feedback protagonizado pelo subordinado: (1) preparo, (2) comunicação não violenta e (3) inteligência emocional. Vamos falar de cada um deles a seguir.

ESTEJA PREPARADO

Quanto menos preparados estamos para uma tarefa, maior a probabilidade de não a realizarmos bem, e com o feedback não é diferente. Segundo o artigo Liderança primordial – publicado na coletânea Inteligência emocional – 10 leituras essenciais, da *Harvard Business Review* –, o processo de preparação ativa a parte do nosso cérebro que nos faz agir, o que nos auxilia a executar melhor a tarefa quando necessário.

Estarmos preparados alivia a tensão da reunião de feedback, pois entrar naquela salinha completamente no escuro faz a pessoa avaliada se sentir ameaçada, com a sensação de que será atacada por críticas e julgamentos – algo que nos coloca automaticamente na defensiva. Ao se preparar, você tem a oportunidade de construir um "roteiro" do que será aquela conversa e, esteja o gestor também preparado ou não, você fica mais confiante sobre o rumo que **você** pode dar à conversa.

Esse processo é essencial porque, sejamos sinceros, seu gestor não conseguirá trocar ideias, opiniões e desenvolver planos se nem você valorizar o momento de avaliar a si mesmo. Os gestores não conseguem fazer milagre com uma pessoa que entra em uma reunião de feedback "passivona", sem uma autoavaliação coerente, sem ideias, sem ambições e, principalmente, sem coragem de se abrir e aprender genuinamente.

Assim, a dica que dou a você é: seja gerente do seu próprio desempenho! Apesar de o seu gestor ter no escopo de trabalho dele o desenvolvimento dos integrantes do time, *o maior responsável pela sua carreira é você mesmo*. Posso dizer por experiência própria: quando você e seu gestor são parceiros nessa tarefa, os momentos de troca entre vocês ganham um novo tom, tornam-se prazerosos e ambos sentem que estão construindo algo importante. O seu gestor se sente satisfeito por estar colaborando com o seu desenvolvimento, e você se sente amparado e capaz de crescer e ser melhor.

Mas não adianta fazer isso uma hora antes da sessão *one-to-one*. Você precisa desenvolver um método permanente de se autoavaliar e documentar tudo! Vamos a algumas dicas práticas:

» Tenha clareza do seu escopo de trabalho. Assim que você assumir a vaga (ou o mais breve possível), alinhe com o seu gestor exatamente quais entregas são esperadas de você. Por exemplo: entrega do projeto X na data Y, relatórios, análises, sugestões de plano de ação mensais relacionados a um determinado tema, reuniões semanais com o time A para alinhamento do projeto, e assim por diante.

» Mantenha uma planilha simples de controle de atividades, com uma predefinição das tarefas que estão no seu escopo, e faça dela a sua lista de afazeres do dia a dia, marcando as datas e o status de cada ação ao longo do tempo. Seja disciplinado nesse controle, pois você poderá gerar gráficos para analisar quanto do seu tempo você está despendendo com cada atividade, quais tarefas são mais complexas e, ainda, quais assuntos "aleatórios" você está tocando e que não estavam no seu escopo inicial.

» Tenha um documento de desabafo. Quando alguma coisa desagradável acontecer com você ou quando a relação com algum colega ou chefe ficar tensa, pare na hora e escreva um parágrafo sobre a situação e como você está se sentindo. Esse material será importante para você analisar depois, com a cabeça fria, exemplos concretos do que pode ser melhorado no seu comportamento ou na sua relação com as pessoas e poderá até mesmo ajudar na sua elaboração de feedback para elas.

» Saiba quais são seus objetivos de longo prazo. Ainda vamos falar sobre isso em mais detalhes, mas o feedback precisa auxiliar estrategicamente seu plano de carreira. É nesses momentos que você deve sinalizar para o seu gestor as suas ambições, os seus objetivos e pedir ajuda para que vocês construam juntos um caminho em direção ao seu sucesso.

» Defina seus motivadores e compartilhe-os com o seu gestor para que ele os utilize como ferramenta. O gestor inteligente quer construir times de alta performance, automotivados e mais independentes, mas ele não é capaz de ler mentes. Se você não for claro com relação à sua definição de sucesso, ele utilizará discursos genéricos de motivação. Por outro lado, tendo clareza sobre quais ferramentas ele pode usar para "empurrar" você, tenha certeza de que ele irá personalizar o discurso no dia a dia. Nas situações mais difíceis da jornada, ele se tornará um grande aliado e ajudará você a se lembrar do porquê de estar ali e da importância desses momentos para a sua carreira.

COMUNICAÇÃO NÃO VIOLENTA

A comunicação não violenta (CNV) foi criada e difundida pelo psicólogo social Marshall Bertram Rosenberg com o objetivo de implementar técnicas para diálogos mais pacíficos em qualquer área conflituosa.

Como vimos, o momento do feedback deve se tornar um momento de reconhecer nossos pontos fortes e aspectos a melhorar, bem como de tratar nossos gestores como parceiros, cujo escopo é nos auxiliar em nosso desenvolvimento. Isso por si só já deveria fazer uma enorme diferença, reduzindo o alto grau de incerteza e desconforto que geralmente sentimos nesse momento. Muitas vezes, contudo, a forma como nos comunicamos provoca mal-entendidos, apesar do mindset positivo que determinamos para o feedback.

Não temos como controlar a forma como nosso interlocutor se comunica, mas somos responsáveis por nossa própria forma de comunicação. É por isso que a comunicação não violenta me parece tão incrível: ela é estrategicamente formulada para que o que falamos gere um sentimento de compaixão em nosso interlocutor.

Agora quero fazer uma pausa no tema específico da CNV para falar um pouco sobre compaixão, um dos sentimentos que considero dos mais nobres, mas que é pouco trabalhado no dia a dia. O livro A arte da felicidade, de Dalai Lama e Howard C. Cutler, foi essencial em minha trajetória porque eu decidi acreditar no que Dalai Lama também acredita:

"Tenho a firme convicção de que a natureza humana é fundamentalmente bondosa, meiga. Essa é a característica predominante da natureza humana. A raiva, a violência e a agressividade podem sem dúvida surgir, mas para mim isso ocorre num nível secundário [...] elas surgem quando nos sentimos frustrados nos nossos esforços para alcançar o amor e o afeto."

Recomendo que você leia o livro para abraçar essa ideia e experimente viver sob essa premissa, pois isso nos transforma e muda a forma como lidamos com o mundo. Mas, de maneira menos filosófica, exercer a compaixão é tão simples quanto pensar que as outras pessoas estão vivendo conflitos dos quais não sabemos, que elas estão em sofrimento, e ter empatia com relação a isso. A proposta é deixarmos nosso ponto de vista de lado por um momento para vermos o mundo sob a perspectiva da outra pessoa. Esse exercício é primordial para nos relacionarmos de forma positiva em qualquer ambiente, inclusive o de trabalho.

Voltando à CNV: seu grande trunfo é que, ao tomarmos a responsabilidade de nos comunicar utilizando as técnicas propostas, nosso interlocutor será mais compassivo conosco. Na base disso está o princípio de que os seres humanos são primordialmente bons e todos agimos com bondade quando não nos sentimos ameaçados ou criticados.

A CNV propõe quatro passos simples:
1) **observar** a situação;
2) identificar seu **sentimento** em relação a ela;
3) identificar a sua **necessidade**;
4) fazer um **pedido** ao seu interlocutor.

Vamos dar um exemplo. Imagine que, no momento de feedback, seu chefe diga o seguinte:

"Seu desempenho no projeto foi ruim, porque você não entregou o relatório final na data combinada e isso provocou uma perda grande para a companhia."

Qual seria sua primeira reação? Você provavelmente iria dizer que não teve os recursos necessários, que alguém ficou devendo uma informação crucial, que o chefe incluiu outras prioridades na sua lista de tarefas... Enfim, provavelmente você tentaria se justificar ou se eximir da culpa, e isso é normal. A maior parte das pessoas faz isso, mas sabe o que a maior parte das pessoas *não sabe*? Que, em termos práticos, essa reação só desperta no seu chefe, naquela hora, a sensação de estar sendo julgado como uma pessoa injusta. E o que ele vai querer fazer ao se sentir assim? Se defender ou contra-atacar.

Pronto, o sentimento ruim se instala, vocês ficam um de cada lado do ringue e então você vai ceder, porque a autoridade e o poder estão do lado dele. Por fim, você começa a sentir medo de perder seu emprego.

Segundo a CNV, a sua reação poderia ser:

1) Observar o comentário do seu chefe: o que ele diz é verdade? É fato que você atrasou a entrega e que isso causou uma grande perda? Se sim ou se não, vá para o próximo estágio.

2) Como você se sente com relação a isso? Dê nome ao seu sentimento, não seja generalista dizendo que você se sente mal. Se a constatação for verdadeira, avalie se o que você sente é vergonha, tristeza, desapontamento, medo, raiva. Se a constatação não for verdadeira, talvez você se sinta ofendido, decepcionado ou confuso.

3) Qual a sua necessidade com base nesse sentimento? Você pode querer se desculpar, conversar sobre o que aconteceu, entender por que seu chefe teve essa percepção de que a tarefa não foi entregue na data (caso tenha sido) ou ter clareza se a real consequência desse atraso foi uma "grande perda".

4) Com isso em mente, seu pedido poderia ser formulado da seguinte maneira:

"Chefe, eu compreendo (1) e me sinto triste porque eu me esforcei para realizar a entrega no prazo que me foi pedido (2). Agora, é importante eu me desculpar (3). Podemos conversar sobre a utilidade desses relatórios para que eu entenda o nível de prioridade dele da próxima vez (4)?"

Se você puder provar que o que ele disse não é verídico, siga os mesmos passos e peça ao seu chefe a oportunidade de demonstrar por que aquela afirmação não lhe parece acurada:

"Chefe, eu compreendo (1) e me sinto decepcionado porque, no meu entendimento, realizei a tarefa no prazo (2). Agora sinto que é importante conversarmos sobre isso (3). Posso mostrar a você o prazo que eu havia recebido e a comprovação da entrega nesse dia (4)?"

Com isso, a ideia é que seu chefe responda com mais compaixão, porque você não se colocou contra ele nem iniciou uma discussão sobre o que foi exposto. Você se abriu e demonstrou seu sentimento com relação a isso, deixando claro sua necessidade para então seguirem adiante.

Eu sei que parece mais fácil falar do que fazer, mas minha sugestão é que você faça o teste. Procure se desprender do seu orgulho.

Não estamos envolvidos em nenhuma relação (muito menos no trabalho) para estarmos certos ou errados. Vivemos em sociedade para aprendermos e pertencermos, para sermos felizes e realizados. Discutir não modifica os fatos, mas modifica a percepção que seu chefe tem de você. Modifica o seu sentimento com relação à sua posição e carimba em você sentimentos ruins que são difíceis de apagar. Por fim, gera padrões de comportamento que se tornam barreiras, em vez de criar pontes que ajudariam você a se desenvolver.

ESTEJA ATENTO A SUAS EMOÇÕES

O diálogo acontece quando duas pessoas conversam, trocam, quando uma fala, a outra escuta e o objetivo de ambas é chegar a um acordo. Porém, não podemos garantir que a pessoa que entrará no diálogo conosco tem os mesmos objetivos que nós, e isso pode nos abalar emocionalmente, mesmo que a fala dela não seja propriamente violenta. Isso é normal.

Por mais que você se prepare, tenha exemplos, tenha senso de suas ambições e esteja disposto a trocar com o seu chefe no momento do feedback, pode ser que você escute uma crítica e se sinta triste ou injustiçado, e isso é inevitável. Mas é nesse momento que o desenvolvimento da inteligência emocional se mostra essencial para que possamos lidar com essas emoções de forma saudável.

Inteligência emocional, segundo artigo de Daniel Goleman publicado na coletânea da *Harvard Business Review* sobre o tema, passa pelo desenvolvimento de cinco habilidades principais: autoconhecimento, autocontrole, motivação, empatia e destreza social. O texto de Goleman descreve uma pesquisa em que se constatou que, nos ambientes com altos níveis de inteligência emocional, as pessoas são mais propensas a realizar trocas de informações e aprendizagem mais saudáveis, além de apresentarem maior confiança umas nas outras. O oposto acontece em ambientes com baixos níveis desse tipo de inteligência, que tendem a ter um clima de medo e ansiedade.

As cinco habilidades principais da inteligência emocional são essenciais para o bom desempenho de qualquer subordinado ou líder e precisam ser trabalhadas de maneira holística (não só no ambiente de trabalho) para que as pessoas realmente adotem, no dia a dia, comportamentos mais "inteligentes emocionalmente" de maneira automática. Porém, falando especificamente do momento do feedback, acredito que duas dessas habilidades sejam as mais requisitadas: autocontrole e destreza social.

Autocontrole se dá pela capacidade de administrar ou redirecionar impulsos causados por um estado de espírito nocivo – ou seja, conseguir se controlar quando você fica "p da vida" e quer esbravejar ou chorar de raiva, por exemplo. Não tem nada pior do que ser um subordinado que se descontrola durante o feedback, porque isso compromete a oportunidade de desenvolvimento que existe nesses momentos. Além de prejudicar a sua imagem, esse tipo de reação demonstra falta de maturidade, incapacidade de lidar com críticas e resistência à mudança.

Se você não for do time dos que choram, esbravejam e colocam para fora de forma intensa o que estão sentindo, talvez você seja do meu time, que sente o rosto ficar quente, o coração acelerar e até segura a boca com a mão para não xingar quem está na frente. Pois é, isso também é um descontrole emocional que hora ou outra vai escapar – porque, apesar de termos noção de que não podemos reagir de maneira abrupta e expressar o que estamos sentindo no ambiente de trabalho de forma "descontrolada", esses sentimentos vão nos impedir de escutar ativamente e absorver o que está sendo dito para avaliarmos se a crítica faz sentido ou não, o que é fundamental para podermos nos desenvolver.

A dica para ter autocontrole é: pratique. Através do processo de atenção plena e da prática da meditação, eu desenvolvi a capacidade de primeiro identificar os sinais físicos causados pelo rompante que vem nos momentos de raiva ou tristeza (seja no ambiente de trabalho ou não), para em seguida "parar a bola" e RESPIRAR. De forma prática: se você estiver em uma sessão de feedback e seu gestor disser algo que lhe faça mal de alguma forma, peça um minuto, saia da sala, feche os olhos e respire. Isso pode soar estranho na hora, mas com certeza será melhor do que deixar o sentimento tomar conta e produzir uma reação inconsequente.

Impedir que as emoções apareçam é impossível, mas a forma como reagimos a elas faz toda a diferença. Autocontrole é sobre não se deixar dominar, pois as consequências de agirmos com a cabeça quente podem ser muito ruins não apenas para o desenvolvimento da sua carreira, mas principalmente para a sua saúde. Com o tempo, a habilidade de perceber a emoção e controlá-la se tornará mais natural para você, e sair da sala não será mais necessário. Mas a ideia é que esse minuto de autoconsciência se torne a chave para que você retorne e dialogue com o seu gestor, de forma madura e inteligente, caso você não concorde com o que ele está dizendo, ou para que você absorva a crítica, pergunte como pode melhorar e peça sugestões de planos de ação para que você se desenvolva. Isso é importante para que esse momento não se torne um trauma.

Já a destreza social é a capacidade de administrar relacionamentos e conduzir as pessoas na direção desejada. Em uma sessão de feedback, essa habilidade pode mudar completamente a percepção que seu gestor tem de você.

Pense comigo: as sessões de feedback são oportunidades ímpares que temos de conversar com nossos gestores a sós, sem interferências externas, sem nenhum conflito de interesse. Só você e ele, ali. Querendo ou não, seu gestor é a pessoa que, depois de você, tem mais influência no desenvolvimento da sua carreira. Sendo assim, aprenda a usar isso em seu favor no momento do feedback.

Não quero estimular a competitividade entre subordinados – considero que somos todos únicos, com habilidades ímpares e que podemos nos diferenciar mesmo com escopos muito similares (vamos falar disso mais adiante). No entanto, não podemos ignorar que a maior parte das pessoas não está tão comprometida com a própria carreira. É muito provável que o fato de você chegar preparado para o feedback, com um roteiro da sua autoavaliação, uma clara gestão do seu tempo e propostas sobre o gerenciamento das suas atividades, fará com que seu chefe enxergue você de forma diferenciada, já que sua atitude mostrará maturidade e capacidade de autogestão.

Indo além: lembre-se de que não é crime nenhum aproveitar a conversa a sós com o seu gestor para demonstrar abertamente seu interesse em assumir um novo projeto, mudar de área ou auxiliar no desenvolvimento dos seus colegas de time por meio de propostas. Se a conversa for positiva e tranquila, minha sugestão é dizer algo como:

"Aproveitando que tivemos essa conversa e que aparentemente estou em um caminho promissor, eu gostaria de saber se podemos começar a pensar na possibilidade de _____"

Ou:

"Fico feliz que você reconheça as minhas fortalezas nesse campo de atuação e, para que eu me desenvolva ainda mais/complemente minhas habilidades, eu gostaria de propor _____"

Se a conversa tiver momentos de tensão, mude o clima do diálogo demonstrando otimismo:

"Entendo que existem esses pontos a melhorar e agradeço sua disponibilidade em abrir meus olhos para isso. Você acredita que, se eu assumisse determinado projeto, eu poderia me desenvolver nessa área?"

Ou:

"Eu reconheço esses pontos de melhoria e fico feliz com os exemplos apresentados. Você acredita que, se eu me movimentasse para determinada área, eu poderia ter mais desafios para me desenvolver?"

Ter destreza social significa não se deixar tomar pelas emoções – nem pela euforia de ter recebido um ótimo feedback, muito menos pela raiva ou tristeza por ter recebido críticas – e não perder o foco ou a oportunidade de colocar na mesa aquilo que você deseja.

LIFELONG LEARNING: APRENDIZAGEM CONTÍNUA

Falamos anteriormente sobre a necessidade de, como indivíduos, buscarmos aprendizagem contínua para permanecermos relevantes no mercado de trabalho. Muitos setores da nossa sociedade já sofreram mudanças drásticas, mas as salas de aula e o currículo escolar parecem estar parados no século passado. Ainda assim, os dados não mentem e já vemos uma mudança drástica acontecendo no campo da educação, independentemente da vontade das instituições de ensino e dos governos.

Uma pesquisa realizada pelas organizações WP Engine e The Center for Generational Kinetics com jovens da geração Z (nascidos depois de 1998) nos Estados Unidos aponta que 64% deles preferem não ter um diploma de faculdade, mas ter internet ilimitada, a conquistar um diploma e não ter internet. Outro estudo, feito pelo Kronos Workforce Institute, aponta que apenas 26% desses jovens entendem a falta de "formação" como barreira para o sucesso profissional. Isso significa que, para a maioria deles, não ser formado em um curso especializado na área em que se atua – ou simplesmente não ser formado – não deveria atrapalhar o andamento de um bom trabalho. Do outro lado da mesa, 90% dos empregadores afirmam que aceitariam candidatos a vagas que não tenham passado pela faculdade caso eles se mostrem capazes de fazer bem o que precisa ser feito.

Esses dados indicam que uma aprendizagem valiosa está ocorrendo informalmente, muitas vezes através de experiências e por iniciativa individual, o que é de se esperar em um mundo com amplo acesso à informação de qualidade. E, mais importante: essa aprendizagem independente está sendo valorizada pelo mercado de trabalho. Esse é exatamente o conceito de *Lifelong Learning*, segundo artigo da organização Lifelong Learning Council QLD INC:

"Aprendizagem contínua pode ser definida como a aprendizagem buscada ao longo da vida, de forma flexível, diversa e disponível em diversos períodos e locais. A aprendizagem contínua cruza setores e promove aprendizados para além do processo convencional que existe nas instituições de ensino voltadas a adultos." (Tradução livre.)

A aprendizagem contínua, como chamarei daqui em diante, é valiosa não só pelo que se aprende, mas também pela habilidade desenvolvida ao longo do percurso de "aprender a aprender", de se aprimorar ou até mesmo de reformular completamente nossas habilidades. Na escola e na faculdade somos doutrinados a aprender de forma muito passiva: o conhecimento praticamente cai no nosso colo, proveniente de um professor que disserta seu monólogo enquanto nós "absorvemos" parte do que ele diz.

No mundo atual, esse estilo de transmissão de conhecimento já não faz mais sentido, pois tem cada vez menos chances de ser efetivo. Os jovens são muito ativos, são sujeitos e protagonistas em quase todas as suas atividades do dia a dia. Assim, é pouco provável que eles sintam prazer em aprender sentados em suas carteiras de forma disciplinada e subordinada à autoridade do professor. Essa nova geração quer aprender pela experiência, pela vivência, de forma ativa, dinâmica e desafiadora.

Se você não nasceu depois de 1998, assim como eu, pode estar se perguntando o que isso tem a ver com você, uma vez que já passou pela escola e tudo correu bem. Você já entrou no mercado de trabalho, está até pensando em fazer uma pós ou um MBA para acelerar a carreira e não se importa se for nesse modelo tradicional... porque, afinal, é o que tem para hoje, né? Ora, jovem, sinto informar que você está anacrônico mesmo antes de adquirir o conhecimento, pois a grande lição aqui é que, na velocidade em que as coisas estão mudando, estaremos fadados ao fracasso se contarmos apenas com o que vimos em sala de aula.

Além disso, embora não pareça, essa geração de jovens que nasceu a partir de 1998 já está no mercado de trabalho e vai puxar cada vez mais a barra da aprendizagem contínua – que não está em nossa veia, mas está na deles. Essa galera entra nos escritórios com sede de aprender, porque não acredita que a escola e a faculdade tenham fornecido preparação adequada para o mercado de trabalho. Tudo o que eles sempre quiseram é aprender na prática habilidades como resolução de problemas, negociação, networking e falar em público com confiança. Os gestores costumam ver isso com bons olhos, pois é uma atitude que indica propensão à ação, uma vontade genuína de aprender que talvez você não tenha mais por já se achar "velho de casa".

A geração Z se descreve como uma geração trabalhadora, pois cresceu durante a recessão (crise de 2008), enquanto muitos de nós já estávamos começando (ou até concluindo) a faculdade. Apesar disso, é uma geração que preza muito pelo equilíbrio entre os interesses profissionais e pessoais, além de afirmar que tem maior potencial em entregar um bom trabalho se o projeto estiver relacionado a uma causa pela qual eles tenham interesse. Esse ponto faz muito sentido quando pensamos sob a perspectiva da aprendizagem. O convite, aqui, é aprendermos com o modo de ver o mundo dessa nova geração. Se as organizações esperam que fiquemos horas e horas debruçados sobre um tema, um problema ou um projeto, que seja para desenvolver soluções e inovações voltadas a algo que desperte nosso interesse genuíno ou ao menos nossa curiosidade.

E por falar nela, a curiosidade é para mim a base da aprendizagem contínua de sucesso. Ao longo dos anos de trabalho, ficamos tão cansados e ansiosos que perdemos a capacidade de olhar para o cotidiano de forma mais "artística" ou até infantil e perguntar "mas por que isso é assim?", "mas quem disse que essa era a única forma de fazer isso?", "como isso poderia ser feito diferente?", "quem faz algo parecido com isso em outra indústria?"

Essa apatia e esse conformismo são provocados pela preguiça de pensar em algo que não seja automático e, #Deusnoslivre, gerar mais trabalho. Já cansei de participar de workshops que tinham o propósito de ser super inovadores e encontrar soluções para grandes problemas da organização, mas na hora em que todos são chamados a se juntar em grupos e fazer determinada atividade, muitas pessoas reviram os olhos e buscam terminar a tarefa o mais rápido possível em vez de realmente se dedicar à proposta – que, aliás, poderia agregar muito valor à organização. Isso, por pura preguiça. Não seja essa pessoa.

Não fazer perguntas, não jogar luz em novos problemas e não olhar o mundo com curiosidade são posturas que nos deixam em estagnação. Isso tira de nós uma das habilidades humanas mais incríveis, que é a curiosidade de saber por que as coisas são como são e de imaginar como elas poderiam ser se fossem diferentes. Sem nossa curiosidade e capacidade de adaptação, estaríamos vivendo em cavernas até hoje. Além de termos a habilidade de perguntar e imaginar, somos altamente capazes de tomar ação a partir de novas possibilidades. Negar a nossa natureza curiosa é uma das razões de estarmos poucos satisfeitos com o nosso dia a dia.

Tudo bem, eu consigo entender a falta de estímulo para chegar em casa depois de oito (ou mais) horas de trabalho e ainda ter que ler e buscar informações relacionadas à sua área de atuação. Mas não é necessariamente sobre isso que estamos falando, porque a sua curiosidade pode estar – e é até bom que esteja – em áreas completamente distintas do seu trabalho. O importante é que você exercite a capacidade de aprender, de olhar ativamente e de imaginar, não importa o quê. Com esse hábito, no dia a dia você terá um comportamento naturalmente mais interessado, curioso e aberto à aprendizagem ao longo da jornada.

A partir daqui, vou propor algumas tarefas para que você desenvolva essas habilidades e tome ação a partir da sua curiosidade.

TAREFA 1

Você tem o hábito de ler?

Parece uma pergunta sem sentido para estar dentro de um livro, eu sei, mas quero que você se concentre na palavra "hábito". Quanto tempo você demorou para chegar até este capítulo? Este livro já ficou muito tempo fechado, largado em alguma gaveta (ou esquecido entre os arquivos do seu leitor digital), até que você se lembrou de que precisava terminá-lo? Se a resposta é sim, você provavelmente não tem o hábito da leitura.

Hábito é aquele comportamento que inserimos no nosso dia a dia e fazemos sem esforço. E o hábito da leitura não é diferente, ele exige tempo, disciplina e prazer. Afinal, nos dias de hoje, com tantas formas de se adquirir conhecimento, não tem por que incluir esse formato de aprendizagem contínua na sua vida se ele não for prazeroso para você.

As escolas até têm boa vontade em estimular a leitura entre seus alunos, mas geralmente os livros obrigatórios são tão chatos que acabamos concluindo que ler é maçante. Mas a vantagem da vida adulta é poder testar que tipo de livro tem mais a ver com o seu perfil, quais narrativas fazem você embarcar na história, aprender, aplicar conhecimentos em sua vida ou simplesmente ampliar suas referências.

Então, a tarefa é esta: entre em uma livraria, com tempo, e explore todas as prateleiras sem preconceitos, sem julgar os livros pela capa. Pegue o que chamar sua atenção, leia as sinopses, leia as críticas, veja o perfil do autor. Você provavelmente vai se identificar com algumas coisas dali, então anote os títulos na sua lista de desejos e escolha um para levar. Para criar o hábito, a minha dica é dar uma olhada na quantidade de páginas e estabelecer uma meta de leitura diária (uma página já está valendo). Faça a conta e determine em que data você deve terminar de ler nesse ritmo; em seguida, estabeleça o lugar e o momento do dia em que você conseguirá fazer essa leitura.

Eu adquiri o hábito de ler indo de ônibus para o trabalho. Era um tempo muito ocioso que eu tinha durante o dia. Eu poderia ficar olhando o celular, mas vivendo em São Paulo eu não me sentia confortável para isso, por uma questão de segurança. Então, comecei a carregar sempre um livro na bolsa e ler durante o trajeto, o que foi ótimo para mim. Mas encontre a sua forma. Se você tiver um parceiro em casa que queira embarcar nessa com você, estabeleçam o momento de ir para o canto da leitura, façam um chá, transformem essa ocasião em uma hora prazerosa e de paz. Você vai ver: ler é tudo de bom!

TAREFA 2

Como você se informa?
Seja um curador de conteúdo na sua vida. Defina suas áreas de interesse e se informe diariamente.

Eu tinha muita dificuldade em estabelecer um método para me manter informada, principalmente depois que fui morar sozinha. A televisão, principal fonte de informação quando eu morava com meus pais, tornou-se um objeto bem menos utilizado. Então, eu tentava estabelecer a rotina de entrar em portais de notícias todas as manhãs, mas isso nunca funcionou: ou eu ficava tentada a entrar em 30 sites e isso me cansava, ou eu me esquecia e não acessava nenhum deles.

Consegui melhorar nesse ponto com o uso de aplicativos compiladores de notícias, e acredito que essa pode ser uma boa solução para você também. Ao nos cadastrarmos, esses aplicativos já pedem para selecionarmos nossas áreas de interesse e permitir o envio de notificações. Com isso, passei a receber diariamente um compilado das principais notícias gerais e de matérias relacionadas aos temas que mais me interessam. Esse mecanismo nos ajuda a selecionar o que faz sentido ler ou não naquele dia, já que podemos ver os títulos e manchetes e definir no que vale se aprofundar.

Além disso, com o tempo consegui fazer uma curadoria super personalizada no meu e-mail pessoal. Durante muito tempo eu ignorava quase tudo o que recebia e estava atolada em *mailing lists* que não agregavam nada à minha vida. Nas férias, durante uma viagem de carro em que fui no banco do carona, decidi resolver essa situação e limpar minha caixa de entrada. Aliás, ela já estava tão cheia que, para continuar recebendo e-mails, eu precisaria pagar por espaço extra.

A beleza desse processo foi descobrir que, além de promoções, eu estava recebendo *newsletters* incríveis, cheias de conteúdo bacana, mas que ficavam escondidas atrás de tanta tralha. Com essa limpeza, passei a ver meu e-mail pessoal como ferramenta essencial para a coleta de referências de qualidade sobre meu segmento de trabalho e outras áreas de interesse. Passei a abrir todos os dias o e-mail em uma aba do navegador, passar o olho nesses conteúdos e me aprofundar no que é mais interessante ou importante. Quero ressaltar que, para mim, essa fonte de informação é muito relevante por ser uma das únicas hoje em dia que não passam pelo crivo dos algoritmos das redes sociais.

As redes de modo geral são ótimas, e eu também me informo muito por elas depois que fiz o mesmo processo de curadoria. Sempre abro e dou uma olhadinha, mas sabemos que o que aparece no nosso feed de notícias depende do que o algoritmo julga interessante para nós.

Para nos manter mais tempo ali, esse mecanismo nos exibe sempre as mesmas coisas, com as quais nós e nossos amigos já interagimos.

No e-mail, o controle é seu. Além de você ter a oportunidade de saber sempre que um novo conteúdo de um determinado portal estiver disponível, é possível diversificar bastante o tipo de conteúdo consumido. Isso é importante para garantir que você não se mantenha dentro de uma bolha. Mais à frente, no capítulo 4, vamos falar sobre a importância dessas referências.

CAPÍTULO 3
SOBRE NOSSOS GESTORES
E AS EMPRESAS

CHEFE X GESTOR

O substantivo "chefe" tem vários significados, entre eles:
» pessoa que ocupa lugar de destaque;
» pessoa encarregada da direção ou supervisão de um departamento;
» a maior autoridade de um grupo social;
» dirigente de uma empresa, patrão;
» aquele que se sobressai sobre outras pessoas.

[Dicionário Michaelis]

Tendo em vista essas definições, entendo que a palavra "chefe" visa destacar a autoridade e o poder de um indivíduo – o que de fato existe em grandes empresas e que na maioria das vezes é atribuído por mérito e tempo de experiência. Porém, olhando para esses significados sob uma perspectiva mais ampla, acredito ser perigoso um indivíduo hoje vestir essa capa de poder, sobretudo em uma estrutura organizacional que exige dele um relacionamento saudável com outros níveis hierárquicos, tanto para cima quanto para baixo.

Das definições acima, apenas duas me agradam, por trazerem à luz a função de dirigente esperada do indivíduo que carrega esse título e destacarem que essa autoridade pode ser limitada a uma jurisdição, ou seja, a um departamento específico. Mais uma vez, é preciso ter cuidado com a incorporação desse poder, já que nos outros departamentos há chefes com a mesma autoridade e, em uma estrutura organizacional moderna, o indivíduo precisa se relacionar, argumentar e cooperar com esses pares para trazer bons resultados à organização.

Por essa fragilidade do significado da palavra "chefe", eu prefiro utilizar o substantivo "gestor" para descrever pessoas que estão em níveis mais elevados da pirâmide corporativa. A palavra deriva do verbo "gerir", que significa "exercer a função de gerente, administrar". E "administrar" quer dizer que o indivíduo lida habilmente com uma situação, geralmente de caráter adverso.

Assim, gestor é uma pessoa que é excelente administradora, que consegue gerir situações mais complexas, que por merecimento conquista um grupo de pessoas dedicadas a auxiliá-la em suas funções e que tem a capacidade de ensiná-las a administrar as situações tão bem quanto ela mesma, diferentemente do que um "chefe" costuma fazer. Por isso, essa denominação parece trazer uma perspectiva mais ampla da função que de fato se espera de quem a carrega.

Às vezes penso que, quando um subordinado é promovido a gestor, ele não entende a amplitude do que isso significa e incorpora somente a autoridade e o poder do cargo de chefia. Observando a realidade dos ambientes corporativos, vejo que pouco se fala sobre a totalidade do que uma pessoa passa a administrar quando é reconhecida com uma promoção, porque muitas vezes esse reconhecimento vem pelo fato de a pessoa ser tecnicamente muito boa no que faz, e só. Muitos chefes novatos entendem que apenas se tornaram "cabeças" e ganharam subordinados, meros "braços" para executar suas antigas funções. Com essa crença, esses indivíduos tocam seus projetos e até entregam resultados, mas geralmente à custa de um dia a dia desgastante para todas as partes.

Em resumo, chefes intitulados e cheios de autoridade não enxergam que sua função não é só mandar, e muito menos só fazer. O fundamental é administrar as próprias tarefas, as tarefas dos subordinados, o próprio tempo e o tempo dos subordinados, o bem-estar e a eficiência da equipe, a pressão da alta liderança, as prioridades, a tomada de decisão... e, assim, delinear o caminho em direção aos objetivos da organização.

Essa visão de que gestores devem de fato gerir é um tanto nova, como mostra o consultor Bruce Tulgan no livro *Não tenha medo de ser chefe*. Ele relata suas pesquisas do início dos anos 1990, em que via jovens funcionários da geração X pedindo orientações, treinamento, apoio e feedback, enquanto os gestores classificavam esses pedidos como "mimimi" e diziam que "no mercado de trabalho ninguém vai pegar na sua mão e lhe dizer o que fazer; sendo assim, enquanto seu chefe te ignora, considere que está fazendo tudo certo, porque se você pisar na bola com certeza ele irá te procurar". A

A RELAÇÃO ENTRE GESTOR E SUBORDINADO É UMA VIA DE MÃO DUPLA

@OSUBORDINADO

crença era de que o sistema só se encarregaria do bem-estar do funcionário quando ele conquistasse uma posição sênior.

O subgerenciamento era a forma normal de se trabalhar, mas com o passar dos anos e cada vez mais jovens das gerações Y e Z entrando no mercado de trabalho – confiando cada vez menos no "sistema" e exigindo de seus gestores diretos esse *guidance* no dia a dia –, gerenciar foi se tornando cada vez mais complexo. A única certeza que tenho é a de que essa curva continuará ascendendo.

Gestores existem para gerenciar e, para isso, precisam se preparar, valorizar sua própria jornada e ter autoconfiança suficiente para reconhecer suas fortalezas e fraquezas, a fim de entregar os resultados esperados pela organização ao mesmo tempo que se disponibilizam para guiar o desenvolvimento de seu time (e também aprendendo com ele). Gestores têm a difícil missão de equilibrar seus próprios interesses, os de seu empregador e os de seus empregados, mas quando conseguem orquestrar todas essas pontas, o potencial de atingir resultados extraordinários é imenso. Eles precisam ter clareza de que o trabalho e o esforço são diários, exigem disciplina, dinamismo e inteligência emocional, entre muitas outras habilidades. Afinal, as pessoas têm suas individualidades, as empresas estão em um ambiente mais volátil do que nunca e o próprio gestor precisa estar equilibrado para não perder o controle.

Bom, mas quanto às recomendações para que esses gestores trilhem um caminho de sucesso, prefiro deixá-las para a vasta literatura empresarial. Meu objetivo aqui é tratar você, subordinado, como agente ativo desse processo, pois acredito que com uma base de colaboradores consciente, empoderada e atuante, é possível construir organizações e gestores (do presente e do futuro) muito mais bem-sucedidos.

CUIDADO: GESTORES EM CONSTRUÇÃO

Que atire a primeira pedra o subordinado que nunca notou que seu gestor estava cometendo um erro. Não quero incitar aqui uma falta de humildade nem estou dizendo que nós, como subordinados, faríamos melhor no lugar dele. No entanto, muitas vezes sabemos identificar quando nossos gestores estão, por exemplo, tentando ser parceiros sem saber como fazê-lo. Nesse esforço, muitos soltam completamente o leme e acabam por subgerenciar alguma atividade. Também sabemos reconhecer um caso de microgerenciamento quando nosso chefe se concentra em detalhes que geram muito retrabalho e agregam pouco valor. E, ainda, conseguimos identificar uma situação de total falta de gerenciamento quando o chefe estabelece uma lista imensa de tarefas, mas não é capaz de priorizar uma delas.

Já vivi situações em que eu respondia para gestores mais experientes e admirava sua forma de trabalhar. Em outro momento e em outra vaga, passei a responder para gestores juniores e ainda em processo de desenvolvimento, o que é normal. Quando somos "subordinados sêniores" e já passamos por diversos gestores, pode ser que já tenhamos vivido uma situação que, gerida por uma pessoa, obteve um bom resultado, mas agora, observando o novo gestor tratar de algo semelhante, sabemos que sua forma de lidar não é a mais indicada.

Mas fica a pergunta: por que eu observava meus "gestores em construção" fazerem escolhas inapropriadas por falta de experiência e eu não dizia nada? Não seria bacana se eu pudesse compartilhar exemplos da minha vivência com outros líderes a fim de propor novas soluções, trocar ideias e conversar abertamente sobre uma forma de trabalho que pode ser mais benéfica para os resultados da companhia?

Bom, considero que sim, mas geralmente nós, subordinados, não assumimos esse risco porque a maior parte dos gestores não está disposta a nos ouvir sobre o próprio desenvolvimento – pois eles partem do princípio de que, por sermos menos experientes em tempo de carreira, não temos bagagem para colaborar com sua forma de trabalho. E digo mais: mesmo que o gestor entenda que nós, como subordinados, estamos trazendo nossas observações com base no comportamento de um outro líder mais experiente com quem já trabalhamos, muito provavelmente ele não estará disposto a parecer vulnerável e correr o risco de diminuir seu nível de autoridade.

Já falamos sobre vulnerabilidade, mas agora quero ressaltar um outro viés desse conceito e abordar como ele se relaciona com os nossos gestores. A vulnerabilidade também fez muito sucesso nas narrativas corporativas por jogar luz sobre o fato de que não há espaço para criatividade e inovação se não houver espaço também para as incertezas e o fracasso. As organizações foram requisitadas a aumentar seu nível de tolerância a vulnerabilidade e falhas, mas, como essa prática ainda é recente, ela geralmente se limita à esfera dos projetos – sempre garantindo que os riscos financeiros e de imagem da organização sejam bem controlados – e não se manifesta no âmbito do comportamento das pessoas.

A liderança em todos os níveis está pouco disposta a se colocar em uma posição mais vulnerável, de incerteza, de risco e principalmente de exposição emocional. Mais uma vez os dados não me deixam mentir: um estudo apresentado pela Gartner diz que somente 14% dos funcionários do Reino Unido já ouviram a liderança sênior falar sobre saúde mental e transtornos psicológicos, e um número ainda menor (10%) já ouviu um líder mencionar a própria experiência com esses distúrbios.

Quero deixar claro que não estou falando de intimidade exacerbada. Vulnerabilidade não é sobre abrir o coração e contar todos os nossos segredos para os colegas de trabalho. A ideia aqui é que nossos gestores poderiam humanizar mais as relações com quem está abaixo deles e trazer suas equipes para perto de si, assumindo uma postura de parceiros de negócio – admitindo que não sabem certas coisas e que querem aprender conosco, ou que não têm certeza se determinada decisão é a melhor e que gostariam de trocar ideias. Afinal, independentemente dos anos de experiência, duas cabeças pensam melhor do que uma. Seria interessante ver um gestor admitir que tem receio em determinado cenário de incerteza mas que está fazendo o melhor que pode, atitude que encorajaria o time a também agir apesar do medo.

Gestores são muito melhores quando têm empatia conosco, seus colaboradores, nas situações em que ficamos desconfortáveis: antes de uma grande apresentação, diante de um desafio de projeto ou em uma situação de conflito com colegas, por exemplo. Ter um gestor que compartilha histórias dos momentos em que ele enfrentou algo semelhante constrói uma relação de confiança sem igual dentro dos times e das organizações. Essas atitudes têm a capacidade de nos aproximar como seres humanos, pois tudo o que queremos é criar vínculo com as pessoas à nossa volta, sentir que somos suficientes para viver com o mínimo de ousadia e experimentar o novo sabendo que temos espaço para acertar e errar – afinal, nesse caso vamos para casa ou com a vitória, ou com um novo aprendizado.

Existem gestores que se relacionam com suas equipes dessa forma mais aberta, colaborando para que o dia a dia dos funcionários seja mais feliz e mantendo relações mais saudáveis e de troca – uma vez que os membros da equipe sentem que o chefe está disposto a escutar, refletir e se adaptar caso ache pertinente. Por outro lado, também existem gestores que se mantêm em suas armaduras de perfeição, que não admitem que alguém ouse encontrar algum defeito ou apontar que uma de suas decisões não foi a melhor; são lideranças que não estão dispostas a mudar nem uma vírgula em seu comportamento por conta da opinião de um subordinado.

Essa postura mais autoritária pode ser vista diariamente no ambiente de trabalho. E nós, subordinados, mesmo reconhecendo que essa atitude não é a melhor, decidimos nos calar. Com sorte, talvez algum dia em alguma pequena sala de reunião, durante um feedback, sejamos requisitados e tenhamos a coragem de apontar com clareza e exemplos os tropeços dos nossos gestores. Contudo, os baixos índices de satisfação no trabalho – proporcionais ao grande sucesso dos conteúdos sobre gestão – indicam que esse feedback sincero de baixo para cima, entre subordinado e gestor, não ocorre com frequência.

Gestores, sejam eles de alto, médio ou baixo escalão, são pessoas e também estão em processo de aprendizagem nesse novo mundo do trabalho. No entanto, por estarem em uma situação na qual precisam balancear imagem, autoridade e desenvolvimento pessoal, eles não se abrem com seus próprios chefes ou pares, e muito menos com seus subordinados. Para completar, muitos não têm vontade ou oportunidade de cursar um bom MBA em gestão, não têm suporte da organização para desenvolver suas *soft skills* (relacionamento interpessoal, gestão de tempo e inteligência emocional, por exemplo) e não encontram tempo para se dedicar minimamente a boas leituras sobre o tema, já que também precisam equilibrar carreira e vida pessoal.

Muitas vezes, gestores que lidam diretamente com a base da pirâmide eram subordinados tecnicamente muito bons em suas funções e que foram promovidos por isso. São profissionais que nunca receberam nem buscaram respaldo para se desenvolver como gestores de pessoas. Em suma, eles não conseguem gerenciar nem a si mesmos com qualidade e vivem um dia após o outro, entrega após entrega, sem desenvolver uma visão estratégica do próprio trabalho e do trabalho de sua equipe (ou seja, do nosso trabalho como subordinados). Nós, como meros braços, ficamos soltos e fazendo o que é preciso, muitas vezes de forma bastante ineficiente. Em minha visão, essa falta de clareza estratégica e de gestão de cima para baixo é uma das maiores razões pelas quais muitas companhias têm dificuldade em inovar, em se diferenciar da concorrência e em atrair jovens talentos. Parece que, nesse cenário, o trabalho consiste em correr o tempo todo atrás do prejuízo.

Por outro lado, não acho correto deixar o peso dessa balança concentrado em um lado só, pois a realidade dentro das organizações é muito diversa e varia entre pessoas ou de um grupo para o outro. Já tive um chefe que agia de um determinado jeito com um colega e de outra forma comigo, pois a relação que ele tinha com cada um de nós era diferente. O nível de confiança e de troca pode variar bastante, e por quê? Porque alguns colaboradores estão muito confortáveis em manter uma posição passiva. Mesmo tendo gestores abertos a feedback e propostas de melhoria, essas pessoas se sentem confortáveis na posição de meros braços, que só precisam chegar ao escritório, cumprir o horário e ir embora. São pessoas que só aguardam ordens, não buscam ocupar os espaços vazios da organização nem trazer consigo a inovação, a criatividade, o sangue novo e a liderança que tanto se busca nos processos de recrutamento e seleção.

Voltando nossos olhos mais uma vez para a perspectiva histórica: esse comportamento é uma herança do Fordismo, sistema de produção criado por Henry Ford, fundador da Ford Motor Co., com o objetivo de popularizar a venda de carros. Para viabilizar sua ambição, Ford foi um grande aplicador da teoria de Taylor, pois só com máxima eficiência ele poderia baratear o preço dos carros e torná-los realmente acessíveis. Com a vasta prática da administração científica, Ford ficou conhecido como um dos precursores do processo produtivo que conhecemos hoje. Ele incorporou à teoria o princípio de que as tarefas devem ser entregues ao trabalhador – em vez de deixá-lo com a iniciativa de buscá-las. Essa postura passiva fez sentido durante muitos anos, mas hoje não faz mais.

Gestores têm o papel de prever e controlar as ações de seus subordinados de forma que eles direcionem seus esforços para a obtenção dos melhores resultados para a companhia. Se o gestor não percebe em seus funcionários a vontade de fazer acontecer, ele vai trabalhar com os recursos que tem em mãos, de forma a não comprometer os resultados esperados. Não estou dizendo que ele esteja certo em fazer isso, mas não podemos negar que, no dia a dia, muitas vezes é mais fácil contornar essa situação exigindo menos do colaborador do que de fato trabalhando para melhorar a performance dele. De qualquer forma, o ponto aqui é que com certeza o gestor não vai se abrir para a troca com alguém que não faz nada além do que lhe é pedido. Ele não vai solicitar nem ouvir a opinião de alguém que ele não admira; afinal de contas, ele não percebe o valor que aquela pessoa pode agregar à equipe ou à empresa.

A conclusão é que movimentar a engrenagem não está só nas costas dos gestores. Todas as peças do sistema são relevantes, não importa se estão no topo ou na base da pirâmide, e cada vez mais todos são estimulados a cooperar. Muitos gestores podem realmente não estar abertos a conversar sobre o próprio desenvolvimento pessoal, mas se tivermos inteligência e estratégia para propor soluções diferentes e eficientes para os problemas organizacionais, atualmente nas empresas há, sim, espaço para sermos ouvidos e para um certo nível de ousadia – ou, como prefiro dizer, de "insubordinação colaborativa".

Antes de jogar toda a culpa no seu "gestor invulnerável", avalie bem se ele age assim com todos ou apenas com você. Talvez seja a sua falta de atitude que o leve a não ter vontade de trocar ideias e conversar de igual para igual, pois você nunca demonstrou seu valor como indivíduo, nunca usou sua história ou sua experiência para dar uma opinião. Talvez você nunca vá além do que é esperado, não demonstre paixão pelo que faz e só fique concordando com a cabeça (e sentindo muito sono nas reuniões depois do almoço).

O protagonismo dos indivíduos da base, em conjunto com uma postura mais aberta dos gestores, gera uma relação de confiança entre os agentes da organização, e isso tem um imenso potencial propulsor de sucesso em qualquer negócio. Quase sempre há mais subordinados do que gestores em uma empresa, então imagine se todos os funcionários tiverem um nível elevado de autoconhecimento, responsabilidade e propensão à ação. Se cada um cooperar por meio de suas potencialidades, o céu é o limite para qualquer projeto. A parceria entre gestor e funcionário qualificado nesse nível pode ser a chave para o aprendizado e o crescimento de ambos, além de proporcionar uma melhora significativa no relacionamento interpessoal, na produtividade e no clima das equipes.

Assim, concluo que "quando um não quer, dois não dançam". Não adianta o gestor buscar melhorar as próprias capacidades e qualificações, equilibrar todos os pratos da responsabilidade de ser um bom líder e ainda levar uma vida saudável, se ele não contar com um time disposto a cooperar, com liderados que se considerem protagonistas de suas próprias carreiras, que gostem do próprio trabalho, que se importem com o próprio desenvolvimento e com os resultados da organização. Culpar somente a gestão pelo ambiente de trabalho ruim, pelo resultado não atingido ou pela falta de espaço de cooperação é um mau hábito de gerações passadas.

Olhar para cima e pensar "ah, mas ele ganha para isso" é uma atitude completamente obsoleta – podemos não ganhar o mesmo que ele, mas precisamos fazer por merecer se quisermos um dia chegar lá. Nossos pares e colegas precisam olhar para nós e dizer "essa pessoa está no caminho certo, não está aqui a passeio, quer o melhor para a companhia e merece ser preparada para fazer parte do time de líderes dessa organização; ela tem capacidade de influenciar quem está à sua volta e de enxergar além de sua alçada". Isso só será possível se nos descolarmos da ideia de que somos uma massa de funcionários, meros subordinados às ordens dos nossos líderes, e nos tornarmos relevantes e colaborativos dentro das organizações.

CONSTRUA UMA PARCERIA

Eu não quero ser a louca que em um momento diz a você "se joga!" e no outro pede "segura a onda, bicho", mas seria um ato de completa irresponsabilidade minha colocar lenha na fogueira e não dar nenhum alerta quanto aos riscos que ser protagonista no mundo real representa, principalmente porque não conheço você nem sua personalidade.

Falando um pouco de mim, sempre tive algumas características muito fortes, entre elas duas que eu gostaria de ressaltar aqui: introversão e orgulho. Uma pessoa introvertida não é necessariamente tímida, e esse é o meu caso. Mesmo com esse traço de personalidade, fui vocalista de uma bandinha de rock na adolescência. A introversão, na verdade, faz de mim uma pessoa mais sensível a estímulos sociais e que busca isolamento com maior frequência para manter o equilíbrio. Sou uma pessoa que reflete muito sobre as coisas e, por isso, meu forte não são conversas fiadas – se você quiser bater um papo comigo, provavelmente vamos acabar falando sobre política, religião, relacionamentos, enfim, um papo mais "cabeça" e geralmente entre poucas pessoas. Já o orgulho é um ponto a melhorar sempre, porque para mim é difícil admitir um erro e, convenhamos, somos todos humanos e eu erro. Por outro lado, esse traço de personalidade me auxilia a sempre pensar duas, três, quatro vezes antes de dar um passo, pois não quero que me vejam errar.

A junção dessas duas características me faz uma pessoa precavida, uma pessoa que pensa meticulosamente no que fala ou faz.

Não tenho a tendência a agir na emoção ou no impulso, nem para o bem, nem para o mal. Analiso constantemente minhas próprias atitudes e as dos outros para buscar melhorias. Assim, por mais que eu tenha descoberto que queria muito ser protagonista da minha carreira, o meu maior pesadelo corporativo é levar bronca de chefe, ser repreendida por algo que fiz de errado, virar assunto de corredor por algo ruim... Então, não faz sentido para mim, só porque quero esse novo papel na minha carreira, sair me comportando de forma soberba, menosprezando ou passando por cima das pessoas, muito menos do meu gestor.

O ponto é: precisamos respeitar as outras pessoas, não importa quem elas sejam. Dentro da empresa, seu chefe deve praticar o respeito – e se ele não respeita você como pessoa, estamos falando de assédio moral e isso precisa ser reportado. Entretanto, se estivermos falando de uma relação normal que parte do princípio de respeito mútuo, você também precisa respeitar o seu chefe como pessoa, precisa honrar a experiência que ele tem e carregar consigo uma dose de humildade, principalmente de humildade intelectual.

No que tange à empresa (se ela for verticalizada como a maioria), o seu chefe tem a palavra final, assim como o chefe dele terá a palavra final e assim por diante. Quando falamos sobre trabalho, a ideia é que você tenha liberdade criativa para propor soluções, que você use suas potencialidades para impulsionar os seus resultados e os da empresa. Porém, se o seu chefe não concorda com as suas propostas, escute o cara com maturidade – e quando eu digo "escute" quero dizer ter uma escuta ativa, prestar atenção ao que ele está dizendo, porque muito provavelmente ele está lhe ensinando algo valioso.

O que eu quero que fique claro aqui é: você não é melhor do que o seu chefe, mas também não é pior, e vocês podem ter uma relação de troca muito valiosa se entenderem isso. A combinação dessas duas perspectivas – sendo uma a experiência do seu gestor e a outra o seu sangue novo – tem o enorme potencial de impulsionar resultados. Então, entenda que vocês dois têm espaço, mas em geral quem dá a palavra final é ele. O ideal, claro, é que haja um equilíbrio entre as duas visões na decisão, mas se não for possível que suas propostas e ideias sejam levadas em frente, meu conselho é: aceite e absorva, não se abale, pois não é pessoal; a vida só não acontece sempre como queremos, muito menos no ambiente corporativo.

Ser protagonista não é sobre performance, sobre emplacar muitas ideias, liderar mais projetos que seus colegas, tornar-se o centro das atenções ou virar um "mandão". Na verdade, assumindo o comportamento de protagonista você construirá uma relação de confiança com seu gestor e seus colegas, fundamentada no melhor que você tem a oferecer.

O artigo *Effects of Positive Practices on Organizational Effectiveness*, publicado na SAGE Journals, aborda os efeitos das práticas positivas nas organizações e indica que o comportamento de suporte, parceria e cuidado entre colegas de trabalho é muito eficiente no aumento da produtividade. Protagonizar a sua carreira é sobre autodesenvolvimento e autogestão, mas é também sobre ter segurança e propensão à ação na hora de dar suporte ao gestor em momentos difíceis, não culpá-lo (nem os colegas) quando algum problema acontecer, inspirar as pessoas ao seu redor através das suas potencialidades, tratar a todos com respeito, integridade e gratidão.

Por outro lado, não posso fingir que vivemos em um mundo perfeito, em que todas as pessoas são boas. Sei que tenho sorte por não ter cruzado até hoje com um gestor realmente ruim ou mau, mas sei que eles estão por aí – ou não teríamos áreas de compliance ativas em tantas organizações. Então, se você tem um gestor ruim, com quem você não consegue estabelecer uma parceria, mais do que nunca o que preciso de você é maturidade. Utilize este livro como um guia para traçar um caminho e sair dessa situação. Você não merece um chefe ruim, mas se ele entrega resultados para a organização dificilmente irá mudar ou se movimentar por causa de alguma ação sua. A filosofia é "os incomodados que se mudem", até porque talvez você não se dê bem com ele, mas outras pessoas sim.

Tire dessa experiência ruim exemplos do que você não quer ser no futuro quando estiver na posição de gestor. Como sempre, podemos aprender; então observe o que esse cara faz para se manter no cargo – provavelmente há lições de política organizacional e networking valiosas por trás de um gestor que entrega muito com uma forma péssima de chefiar. Olhar a situação sob esse prisma ajudará você a viver um dia de cada vez e ir ao encontro do seu próximo passo, fora dessa circunstância desagradável, sem que você tenha que perder seu emprego ou sua paz.

CORAGEM

Tudo o que estou propondo requer coragem. E, como muitos dizem por aí, coragem não é a ausência do medo, mas fazer o que queremos apesar dele.

Ser protagonista da própria carreira não é tarefa simples. Tornar-se essa pessoa mais independente, certa de suas convicções e valores, com clareza de suas fortalezas e de seus defeitos, pode desafiar a cultura da sua empresa ou as crenças dos seus gestores. No entanto, foi comprovado em um estudo realizado pelo National Bureau of Economic Research (NBER) que os índices de satisfação com o trabalho e a retenção de pessoal são maiores nas empresas em que os funcionários são mais autônomos, têm maior liberdade de criação e são menos fiscalizados, pois dessa forma eles se sentem mais responsáveis pelos resultados da organização e, consequentemente, mais comprometidos com suas atividades.

Se a sua empresa ainda não incorporou esse modo de pensar e você não se sente tão confortável para agir com independência no ambiente de trabalho, comece aos poucos.

Uma boa dica é começar por sua agenda e pela priorização de suas atividades. Alinhe com o seu gestor e seus pares a forma como você gosta de trabalhar, em que horários você prefere marcar reuniões, para quais temas você acha que um e-mail ou chat é mais apropriado. Tenha sua lista de tarefas semanais organizada e busque seu chefe para alinhar quais são as suas prioridades. Dessa forma, você não estará desafiando nenhum padrão de forma muito "agressiva", mas já conseguirá colocar em prática um certo nível de autonomia e se sentirá proprietário do seu próprio trabalho. Aos poucos, vá implementando as dicas do próximo capítulo na sua vida. Agora, honestamente: se você não se sentir à vontade para ser dono da sua carreira na empresa em que está, repense se essa organização faz sentido para você.

Mas se você já trabalha em uma empresa onde a cultura da independência e da liberdade é mais difundida, não há desculpas. Com todo o trabalho que fizemos até aqui, comece expressando suas ideias e opiniões sempre que possível, mude sua postura, assuma a posição de líder de si mesmo. No próximo capítulo, vamos explorar como você pode montar um plano de ação completo para capitanear a sua carreira.

PARTE 2

CAPÍTULO 4
VOCÊ PROTAGONISTA

PEGUE O LEME

Uso muito a expressão "pegue o leme" porque ela cria na mente do meu interlocutor a imagem da analogia que, para mim, melhor representa a nossa carreira como colaboradores: somos novatos e estamos no mar. É o velho mar corporativo, mas os ventos estão mudando de direção e temos o objetivo de chegar em terra firme. Se não pegarmos o leme e aprendermos a navegar, há duas possibilidades: ou ficaremos à deriva, ou chegaremos lá por acaso. Já se pegarmos o leme e navegarmos, vamos adquirir conhecimento ao longo da jornada, viveremos uma experiência valiosa e, o mais importante, com certeza chegaremos lá preparados para desafios maiores.

Na minha trajetória pessoal, entendi que eu precisava pegar o leme depois que vivi uma crise de ansiedade, em que me vi infeliz sem saber exatamente o porquê. Havia seis meses que eu estava morando com meu namorado e eu tinha sido promovida no trabalho. A minha rotina estava bem agitada e eu era oficialmente uma adulta, com responsabilidades, horários, disciplina. Eu queria ser boa em tudo, queria equilibrar todos os pratos, mas um dia me vi muito sobrecarregada e desabei. Decidi que algum dos pratos tinha que cair, mas eu não sabia qual escolher.

Eu pensava "vou me separar e morar sozinha, morar com outra pessoa é muito complexo", mas ao mesmo tempo eu não conseguia ver a minha vida sem amor, sem o meu amor. Então, eu cogitava: "vou me demitir; trabalhar em uma grande empresa traz muita pressão". Ao mesmo tempo, porém, eu sabia que era feliz trabalhando com marketing e que tinha muita sorte em atuar com as maiores marcas do país em bens de consumo – e eu não queria fazer outra coisa. Em seguida, eu pensava "não vou mais me exercitar, não vou mais tentar ser uma pessoa espiritualizada, não vou mais me preocupar em estar presente com a minha família", mas obviamente nada disso era uma possibilidade, pois meu corpo, meu espírito e minha família são muito importantes para mim. Então eu me vi em um beco sem saída, sem um plano para dar fim à minha agonia.

Decidi buscar ajuda e ir para a terapia (se em algum momento você passar por algo parecido, procure um profissional).

Estou contando toda essa história porque, no que diz respeito à minha carreira, fiz uma grande descoberta nesse período: ser reconhecida somente como a "funcionária da empresa tal", e não como a Beatriz Machado, me gerava ansiedade. Pautar a minha vida pela dependência daquele emprego, que a qualquer momento poderia não existir mais, me deixava angustiada. Além disso, eu não queria que meu valor estivesse relacionado à minha carteira de trabalho, e sim ao meu CPF. Eu queria que o meu valor no mercado estivesse ligado ao meu nome; na verdade, qualquer empresa para a qual eu trabalhasse deveria se sentir honrada em poder comprar a minha hora de trabalho. Esse pensamento veio até mim por meio da ferramenta de criação e gestão de marca (branding) pessoal da qual falamos na introdução deste livro.

Já mencionei que, como uma entusiasta do marketing (sempre me descrevi assim no meu currículo), respirei um novo ar ao descobrir que as estratégias aplicadas para marcas em geral podem ser utilizadas para impulsionar a carreira das pessoas. Fazer uso dessas ferramentas para mim mesma e pisar no escritório todos os dias sabendo que sou quem eu quero ser e que tenho ferramentas para que as pessoas me percebam como eu quero ser percebida me deixou muito menos ansiosa. Ter clareza sobre aonde eu queria chegar e de que as minhas potencialidades me levariam até lá me fez mais autoconfiante. Ter dimensão dos meus pontos a melhorar e estar atenta a qualquer aprendizado que eu pudesse absorver me fez mais resiliente. Ser exemplo para outras pessoas me deixou mais feliz.

Nessa jornada, eu descobri o que me faz querer trabalhar mesmo que eu não ganhe um real. Tenho alguns exemplos disso: no último ano eu me arrisquei e fiz palestras de graça sobre esse tema em todas as oportunidades que tive, mudei meu perfil nas redes sociais e virei "criadora de conteúdo" sobre branding pessoal, criei uma metodologia de consultoria e apliquei primeiramente de graça para algumas pessoas durante o meu contraturno e, depois, passei a até cobrar pelas consultorias. Além disso, decidi escrever este livro, pois colocar as ideias no papel e imaginar a possibilidade de esse conteúdo ser útil para outras pessoas do mesmo jeito que foi para mim é algo que me deixa plena, que me faz sentir completa e útil.

Por isso, agora vou compartilhar ferramentas de criação e gestão de marca pessoal para que você protagonize a sua carreira como colaborador – da mesma forma que eu passei a protagonizar a minha – e para que você crie, reconheça e demonstre o seu valor para o mercado, acreditando que as empresas devem se sentir honradas em comprar uma hora do seu trabalho.

AUTOCONHECIMENTO

Eu não vou deixar o melhor para o final, não mesmo. Até porque você já deve estar bem curioso para saber o que de fato é preciso fazer para pegar o leme da sua carreira e começar a navegar rumo aos seus objetivos, certo?

Bom, a base para trilhar esse caminho é o autoconhecimento. Apesar de essa "diquinha" parecer simples, o processo é dos mais difíceis, pois ele não começa no momento em que você decide conhecer a si mesmo e não termina quando você atinge um objetivo – na verdade, ele não termina nunca. Autoconhecimento é a habilidade de ter clareza sobre você mesmo e suas características, é conhecer seus pontos fortes e seus pontos a desenvolver, é saber do que você gosta e do que não gosta, é saber como você geralmente reage às situações (sejam elas boas ou não) e, principalmente, é sobre explorar os porquês de cada uma dessas coisas.

O que é muito importante ressaltar é que estou aqui escrevendo este livro e tentando encontrar a melhor forma de ajudar, mas sem conhecer você. Não conheço a sua história, não conheço a sua realidade, não sei de onde você veio, onde você mora, como você se veste, mas sei que nem se eu soubesse tudo isso eu conseguiria operar um milagre para tornar você, de um dia para o outro, um expert em si mesmo. Por isso, para que qualquer coisa que eu fale daqui em diante funcione, é preciso que você esteja comprometido consigo mesmo. Estou aqui compartilhando as ferramentas que funcionaram para mim e para outras pessoas que já fizeram minha consultoria, com base no que aprendi ao longo dos últimos anos com dezenas de outros ótimos profissionais (consultores, *coaches*, mentores) e suas técnicas – um caminho apresentado por eles, mas que precisei trilhar sozinha. Aqui é a mesma coisa: você precisa agir, dar o primeiro passo e sair da inércia, fazer as tarefas e ver os resultados. Estamos combinados? Então, bora!

TAREFA 3

Dedique tempo para si mesmo.

Muitos profissionais adquirem um nível elevado de autoconhecimento quando são mais velhos, simplesmente porque já passaram mais tempo consigo mesmos... Sim, questão de idade mesmo. Usando a mim mesma como exemplo: com 27 anos, tirando os 17 primeiros, em que eu era ou muito pequena (e mal me reconhecia como pessoa) ou adolescente – e, convenhamos, nessa fase vivemos em uma bolha na qual estamos muito mais preocupados em pertencer do que ser e, por isso, não nos comportamos com tanta autenticidade –, a verdade é que passei somente 10 anos de vida ciente de mim mesma, experienciando as minhas próprias ideias, vivenciando as minhas próprias vontades, lidando com as pessoas com a minha cara e a minha coragem (não a dos meus pais ou do meu grupo de amigos). Por isso, você há de concordar que, com 40 ou 50 anos de idade, a coisa muda de figura, pois aí serão 20 ou 30 anos vivendo na plenitude da própria pele.

Não estou prometendo que, dedicando tempo exclusivo ao processo de autoconhecimento, você vai desenvolver sua maturidade a ponto de adquirir a mesma experiência de alguém com 50 anos – afinal, a vida é para ser vivida e nada substitui isso –, mas eu garanto que, se você o fizer, sairá à frente das pessoas que simplesmente vão vivendo dos 27 até os 50 aos trancos e barrancos, sem a menor ideia de si mesmas.

O que eu sugiro que você faça no início é encontrar um espaço na sua casa em que você se sinta bem, ficar ali por alguns instantes e somente pensar: o que me faz feliz aqui, agora? Pode ser que o silêncio faça você feliz, ou talvez sua cama, seu sofá... Talvez sejam as cores das paredes, as plantas ao redor, os livros na estante, o fato de você ter um bichinho de estimação por perto, a presença de um companheiro no outro cômodo. Quando fiz esse exercício, descobri que o que eu gostava era de poder ver outras janelas ao meu redor e saber que havia ali outras pessoas em suas casas, felizes e seguras. Recomendo que você tome nota em um caderno, se possível novo, com uma capa legal e que represente a sua personalidade (essa dica do caderno eu aprendi com a consultora Bru Fioreti; ela chama de "caderno de você").

Pense também no que não faz você feliz ali. Importante: não é para ficar triste, mas para começar a pensar que nem tudo na vida são flores e que sempre haverá coisas das quais você não vai gostar – a ideia é perceber que, mesmo assim, elas não anulam a existência daquilo que é positivo. Pode ser que, para você, o barulho da rua seja desagradável ou que o silêncio total (sem uma música, por exemplo) seja incômodo, pode ser que a cor do seu sofá ou um quadro no ambiente não deixe você tão feliz, que sua roupa de ficar em casa não deixe você tão confortável ou, ainda, pode ser que você esteja sentindo alguma dor no corpo à qual geralmente não dá muita atenção. Mais uma vez, anote tudo.

A ideia é que no começo você crie uma rotina para esse momento (que ele ocorra uma vez por semana, por exemplo) e que, com o passar do tempo, você estenda isso para além dessa ocasião e aprenda a se auto-observar. Comece a pensar nisso quando você está no escritório, no trajeto, fazendo uma refeição, descansando, praticando atividade física, conversando com o seu gestor, com seus colegas, fazendo ou acompanhando uma apresentação... O que deixa você feliz ou não em cada um desses momentos?

No início, é necessário impor disciplina nesse processo, mas com o tempo você se pegará pensando "o tema dessa reunião não me deixa feliz", "fazer parte desse projeto me deixa feliz", "ir trabalhar com essa roupa não me deixa feliz", "conversar com essa colega me deixa feliz"... Com isso, você talvez nem precise mais tomar tantas notas no seu caderno, pois automaticamente começará a buscar as coisas que deixam você mais feliz. Nos dias em que é preciso lidar com coisas desagradáveis, mas necessárias, você buscará equilibrar seu nível de felicidade – por exemplo: "tenho que fazer a tarefa X, que não me deixa feliz; então, depois de fazê-la vou chamar a colega com quem eu gosto de bater um papo para um café e conversaremos um pouco". De verdade: isso se torna automático, porque buscamos a felicidade sempre que possível, e tomar consciência do que nos causa bem-estar é uma virada de chave importante.

Um alerta: não espere fazer só aquilo que lhe traz bem-estar, isso é uma ilusão. O importante é que, depois de um tempo se observando e ganhando clareza do que você gosta ou não, você poderá fazer o exercício que aprendi no livro *Personal Branding* e que consiste em um "balanço patrimonial" do seu trabalho (lembrando: nosso foco aqui está na carreira, mas essas ferramentas são úteis também em outras áreas da vida).

Escolha uma página em branco do seu caderno. Coloque, de um lado, o que faz você feliz no seu escopo de trabalho e no seu escritório – leve em consideração seu chefe, sua forma de trabalhar, seus colegas e você mesmo no dia a dia. Do outro lado, escreva o que não faz você feliz em cada uma dessas esferas. Em seguida, tente encontrar a real razão por trás desses sentimentos: avalie se a sua felicidade em cada caso tem mais a ver com você e sua forma de ver a vida, com as suas características e personalidade ou, ainda, com questões mais "práticas", como a sua formação (por exemplo: se você não fosse publicitário, não poderia atuar em um determinado projeto) e o fato de você trabalhar em uma certa região da cidade ou em uma organização cuja política de benefícios é diferenciada (por exemplo, uma mãe que pode levar o filho para o escritório porque a empresa oferece creche). Enfim, vá mais fundo nos "porquês" para entender as razões dos seus sentimentos e aproveite para entender se você tem no seu dia a dia mais coisas que deixam você feliz ou não. Por fim, guarde essa reflexão, pois vamos falar disso mais tarde.

TAREFA 4

Como você se descreve?

Já adianto: não vale pensar em como as outras pessoas (mãe, pai, amigos, parceiro) descreveriam você. Esse exercício é sobre a sua autopercepção. Eu quero saber o que **você** acha de si mesmo.

Na sua última entrevista de emprego, como você contou a sua história? Como descreveu as suas características? Quais adjetivos utilizou para qualificar a si mesmo? Tente se lembrar e anote no seu caderno pessoal em uma folha separada. Em seguida, olhe para essa nuvem de palavras e seja sincero: você se identifica? Gostaria de colocar sua foto ao lado dessa descrição? Essa página parece refletir a realidade?

É importante ressaltar que, ao fazer esse exercício, você pode se encontrar em um destes dois lados:

1) você se descreve melhor do que realmente é;
2) você se descreve pior do que realmente é.

Eu geralmente estou no primeiro grupo: não tenho dificuldades em encontrar adjetivos bons para me descrever e tenho mais dificuldade com os não tão bons (lembram da coisa do orgulho?). Não interpretem como falta de humildade, não é isso, mas algumas pessoas (e este é o meu caso) enxergam em si mesmas as melhores qualidades porque têm clareza de que as próprias intenções são sempre boas, porque sempre querem acertar, evoluir e por isso tendem a se perceber melhores do que realmente são. O importante aqui é tomarmos consciência disso e sermos mais criteriosos ao fazer esse exercício – enfim, baixar a bola um pouquinho.

Eu sei que muitas pessoas também se encaixam no segundo grupo, pessoas que têm muito mais facilidade em encontrar adjetivos não tão bons para se descrever e que, na hora de falar sobre as próprias qualidades, simplesmente travam. Existem duas razões para isso: a primeira é a famosa falta de autoestima, e acredito que essa característica geralmente tem raízes bastante profundas, sobre as quais não tenho jurisdição para tratar neste livro. Se você se encaixa nesse grupo, o que posso fazer é aconselhar que você busque a ajuda de um psicólogo – sem sombra de dúvidas, essa é a melhor escolha que você fará para si mesmo. Não tenha vergonha nem se sinta mal, é algo muito normal e "reversível", pois todas as pessoas são incríveis e merecem reconhecer isso em si mesmas.

A segunda razão é a falta de reforço externo. Por mais que eu ressalte aqui que é preciso levantar adjetivos que você perceba em si mesmo, independentemente do que os outros digam, algumas pessoas têm muita dificuldade para enxergar qualidades em si mesmas que não reflitam a percepção dos demais. Essa necessidade de reconhecimento impede que o indivíduo forme uma autoimagem saudável e faz com que ele sempre busque a aprovação das outras pessoas para se autoafirmar.

Em todos os casos, o que ajuda é pensar em exemplos, em fatos, momentos específicos em que você estava em uma situação adversa e fez uma escolha, tomou uma decisão. Outra forma é se perguntar: quando alguém lhe pede uma ajuda ou opinião, como você costuma reagir? Nos seus relacionamentos, quais são as coisas que para você são mais fáceis de lidar ou fazer? E quais são as mais difíceis? No seu trabalho, quais são as tarefas que você executa com muita facilidade, e quais nem tanto? No trato consigo mesmo, quais são seus pensamentos sobre si ao se olhar no espelho no dia a dia, na correria? Em um dia especial, o que é importante para você não só com relação à sua aparência, mas também às suas emoções?

Um bom exercício é pensar no seguinte: se você fosse uma caricatura de si mesmo (lembrando que as caricaturas geralmente ressaltam características que já temos), como seria esse personagem? Como seria sua aparência? E sua personalidade? Pense em um programa de comédia mesmo – geralmente as personagens mais engraçadas são aquelas que retratam a realidade de um jeito exagerado, e elas se tornam tão engraçadas porque nos reconhecemos nelas. Outro exercício é imaginar que você tem uma varinha mágica: qual característica sua você gostaria que todas as pessoas do mundo também tivessem para que ele fosse um lugar melhor?

E qual você não gostaria que todas as pessoas tivessem, pois nesse caso viveríamos no caos?

Enfim, escreva no seu caderno essas ideias e guarde. Depois de uns dois dias, releia; veja se elas ainda fazem sentido ou se, depois de refletir por mais algum tempo, você teve outras percepções. O importante aqui não é chegar a um diagnóstico conclusivo sobre nós mesmos, mas nos olharmos de frente, da mesma forma como geralmente olhamos para as pessoas à nossa volta, e tomarmos consciência do nosso eu, de forma pura, sincera e madura, sem julgamentos de valor. Afinal, todos estamos aqui evoluindo, e nada do que você acaba de reconhecer em si faz de você melhor ou pior do que ninguém – apenas faz de você, você mesmo.

TAREFA 5

Quais são as suas referências?

Sabe o que dizem: "diga-me com quem andas que te direi quem és". Sim, as pessoas com quem andamos, a música que ouvimos, os livros que lemos, os programas aos quais assistimos... Tudo isso nos molda, não podemos negar. Somos todos uma junção de diversas referências e, no mundo de hoje, no qual somos impactados por uma enxurrada de imagens, vídeos, textos, opiniões, vozes etc., mais do nunca devemos prestar atenção a isso.

Faça um exercício de retrospectiva da sua vida. Quais eram as histórias que você ouvia na infância? Que músicas seus pais ouviam em casa? De quais personagens de desenho animado você mais gostava? Tudo isso certamente formatou sua personalidade, suas crenças e seus valores. Na adolescência, você provavelmente escolhia roupas, ouvia músicas e via clipes ou filmes com base no que as pessoas comentavam na escola. Era importante ter as mesmas referências que os seus amigos para fazer parte do grupo, certo? Na vida adulta, mantemos esse padrão de comportamento. Embora a questão do pertencimento fique um pouco mais branda, o fato de nos rodearmos com referências sobre as quais vamos conversar com colegas de trabalho, familiares e amigos segue o mesmo objetivo:

PRESENÇA: É A EXISTÊNCIA DO EU DE FORMA ATIVA, QUE EMANA AUTENTICIDADE ATRAVÉS DA APARÊNCIA, DO COMPORTAMENTO E DO CHEIRO

@OSUBORDINADO

formatar como nos reconhecemos, quem somos, quais opiniões temos e como somos vistos.

Assim, é de suma importância fazer, de tempos em tempos, uma curadoria dos conteúdos que você consome e observar como tudo isso tem formatado suas ideias, os assuntos sobre os quais você gosta ou não de falar, suas opiniões e, principalmente, seus sentimentos e sua percepção de si. A "infoxicação" dos tempos atuais tem afetado muitas pessoas de forma negativa, despertando sentimentos como o FOMO (*fear of missing out*), que se caracteriza como o medo de não estar acompanhando, fazendo ou consumindo alguma coisa que todas as outras pessoas supostamente estão, o que gera uma ansiedade constante.

O excesso de informação disponível também pode nos levar a consumir coisas que não agregam valor às nossas vidas e que nada têm a ver com a nossa personalidade, algo que fazemos simplesmente porque todo mundo faz. A consequência disso pode ser a aniquilação da potencialidade de nos tornarmos únicos. Afinal, nossas referências e trajetórias individuais formatam uma pessoa autêntica, capaz de pensar em formas de ser e servir diferentes dos demais, capaz de evoluir por um caminho nunca antes traçado, capaz de ser criativa e de enxergar e criar o melhor para si.

Portanto, a tarefa é: seja curador da sua própria galeria de referências, busque na sua casa os seus livros favoritos e coloque na sua lista de desejos mais alguns com temas semelhantes. Nas redes sociais, faça uma limpa em sua *timeline* e classifique os conteúdos. Se só tem fofoca, lojas tentando empurrar produtos de que você não precisa ou influenciadores e amigos que só mostram uma vida que deixa você se sentindo para baixo, tire isso da sua frente – busque perfis e *hashtags* sobre música e arte, conteúdo útil ligado à sua profissão, amigos queridos, influenciadores que façam você se sentir bem e sejam inspiradores, notícias (mas não de todos os portais, selecione alguns com os quais você se identifique mais). Além disso, determine em que momento do seu dia você consumirá conteúdo, pois nossa cabeça pira se tentarmos absorver informação o dia inteiro.

Posso exemplificar com a minha própria rotina. De manhã, vejo notícias sobre o mundo e sobre marketing. Ao longo do dia, só vejo mensagens se forem sobre trabalho ou algo urgente com familiares e amigos. Os grupos só são vistos à noite, e também só no fim do dia rola aquela hora inútil de ficar rolando o *feed* (confesso que às vezes também dou uma olhada quando estou esperando o elevador). *Stories*, só vejo à noite quando tenho cabeça ou no fim de semana.

Prometo que, se você for disciplinado com isso, terá muito mais paz ao longo do dia e fará desse consumo algo muito mais eficiente e prazeroso, de forma que ele realmente agregue valor à sua vida. Não é preciso seguir exatamente a minha rotina, mas é importante que você crie a sua, visando equilibrar e qualificar o consumo de conteúdo para uma melhor construção de referências.

TAREFA 6

Defina sua identidade de marca.

Imagine que daqui a um ano um jornalista pergunte para as pessoas mais próximas de você: "em uma palavra, quem é o (a) _____?" O que você gostaria que as pessoas respondessem?

Coloque o seu nome no centro de uma folha de papel e em volta escreva três adjetivos que você quer que estejam associados ao seu nome, à sua marca pessoal. Defina esses adjetivos com base em todo o processo pelo qual você já passou, retome as anotações que você fez no seu caderno, identifique quais são as características que mais se repetem e que lhe agradam, quais são os seus valores, quais são as suas melhores histórias, quais as suas referências preferidas e que mais representam quem você é.

Figura 6: Adjetivos da sua marca pessoal

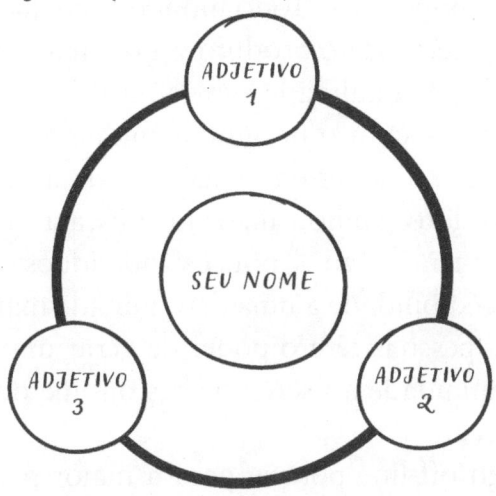

(ADJETIVO 1 / ADJETIVO 2 / ADJETIVO 3 — SEU NOME)

Fonte: Elaborada pela autora.

É inegociável que esses adjetivos reflitam a sua verdade. Não é permitido tentar associar a si mesmo algum adjetivo que não reflita quem você realmente é, pois isso não é sustentável. Ninguém consegue sustentar características que não são verdadeiras por muito tempo, pois a adversidade vem e a máscara cai. Escolha o que há de melhor em você, sem se importar com o que os outros vão pensar. Agora, só se importe com a sua autenticidade – o seu maior poder é ser único!

Beleza, escolheu? Ótimo! Agora esses três adjetivos serão o seu norte. A partir daqui, todas as tarefas têm o mesmo objetivo: fazer com que as suas características mais autênticas e relevantes valorizem a sua marca pessoal.

IMAGEM

Novamente, eu não sei que tipo de pessoa você é nem qual a sua personalidade, mas uma coisa é certa: de uma maneira ou de outra, todos nós nos preocupamos com a nossa imagem – e isso é natural, pois nosso sistema social de certa forma gira em torno disso. Trabalhando com marketing, sei que a associação de produtos a pessoas é feita há anos; sempre existiram garotos-propaganda e celebridades protagonizando comerciais. Afinal, pessoas sempre se conectaram com pessoas. Todo mundo sabe que colocar o rosto certo no anúncio certo faz o produto vender mais, porque as características daquela personalidade agregam valor ao produto. Porém, mais recentemente – com o boom das mídias sociais e do marketing de influência –, o poder da imagem de uma pessoa usando um determinado produto ganhou uma nova escala, uma vez que não existem mais somente alguns poucos indivíduos com o poder de emprestar sua credibilidade a uma determinada marca. Já há algum tempo, todas as pessoas têm o poder de gerar um desejo instantâneo em sua comunidade ao serem vistas on-line ou off-line consumindo uma marca.

Pois é, eu digo off-line porque para a maior parte de nós, reles mortais, a nossa comunidade está na vida "real". São nossos amigos, colegas de trabalho e familiares que "consomem" a nossa imagem todos os dias, que reconhecem como nos vestimos, como nos comportamos, nossos trejeitos, hábitos, nossa linguagem, enfim... E são essas pessoas que determinam o nosso valor (de forma positiva ou negativa), através do que esse conjunto todo representa.

Faça um exercício: pense em três colegas de trabalho dos quais você seja próximo. Em seguida, descreva como eles se vestem, como falam, como andam, como mexem as mãos nas reuniões, quais seus vícios de linguagem quando estão nervosos, como reagem a um pedido inesperado do chefe, como costumam narrar suas histórias do fim de semana... Viu? Da mesma forma que você sabe descrevê-los, eles também sabem descrever você. Agora pense: você gostaria de vê-los descrevendo seu jeito de ser? Você já pensou em como seria a sua versão na visão deles? Se você nunca pensou sobre isso, agora é a hora, pois é assim que você existe na mente das pessoas.

Falar sobre imagem costuma ser complicado, porque somos ensinados que o (politicamente) correto é não julgar as pessoas pela aparência, mas valorizá-las pelo caráter e pela personalidade. Porém, tampouco podemos fechar os olhos para o fato de que é mais do que natural reconhecermos as pessoas por todo o conjunto do que elas são por fora; caso contrário, andaríamos por aí sem reconhecer as pessoas à nossa volta.

O ponto é que o cérebro humano evoluiu para fazer associações a imagens, sempre. Nosso cérebro não só reconhece o rosto de Fulano: ele interpreta o que significa cada característica de seu rosto, cabelo, roupa, tom de voz, postura. A mente busca interpretar sinais além do que os olhos veem. A princípio, pensando em um ser humano que vivia na selva, isso era útil para se proteger ou identificar um potencial parceiro, mas hoje serve para que o indivíduo reaja da melhor forma socialmente, interpretando qual a melhor maneira de cumprimentar, responder, conversar e se portar diante de outra pessoa ou de um grupo. Muitas disciplinas – como o *neuromarketing*, a neuroestética, a moda, o visagismo, o design, entre outras – estudam as interpretações que nosso cérebro faz e que muitas vezes estão no nosso inconsciente. Mas o meu objetivo aqui é fazer você pensar um passo atrás.

TAREFA 7

Você já tem uma imagem, descubra qual é.

Se você não viveu os últimos anos trancado em casa, já tem uma imagem que desfila pelo mundo todos os dias, e talvez você até pense um pouco sobre ela – quando escolhe as roupas que vai vestir, quando decide compartilhar as séries que tem visto recentemente, quando seleciona seus emojis preferidos na hora de mandar mensagens, quando escolhe cruzar ou não a perna em uma reunião. Pois é, nossa imagem está em todos os sinais que emitimos, para além da nossa mente, e somos reconhecidos por aquilo que repetimos.

A primeira tarefa é um convite para que você se "teletransporte" e tente se observar de fora para dentro. Durante sete dias, tire fotos suas antes de sair de casa e ao voltar (faça *selfies* no espelho). O provável é que, ao sair, você esteja com o cabelo no lugar, maquiagem incrível, roupa asseada... mas, com o passar das horas, o que acontece? Como as pessoas veem você ao longo do dia todos os dias? Com o cabelo preso de qualquer jeito e roupa amassada? A maquiagem dura ou não o dia todo? Tente tirar algumas fotos dos detalhes, como suas unhas, seu cabelo, as condições de limpeza dos seus sapatos. Eu fiz esse exercício e me surpreendi: descobri que andava tempo demais com esmalte descascado, prendia o cabelo de qualquer jeito e com qualquer acessório, ao longo do dia minha roupa ia ficando amassada, o batom que compunha o visual ficava intacto só até o primeiro gole de água e alguns dos meus sapatos estavam bem sujos. São detalhes que, acumulados, podem denotar desleixo, e essa não era uma característica que eu queria ter associada à minha imagem.

Outra atividade importante é tirar fotos das coisas que você carrega consigo todos os dias: bolsa, mochila, carteira, garrafa de água, carro, computador, chaves, acessórios em geral. Observe as características desses objetos. Eles são minimalistas? São modernos ou mais tradicionais? São infantis, com muitos personagens de desenho e filmes? As cores têm muito poder – suas coisas têm uma cor predominante? Se sim, o que essa cor representa na nossa cultura?

Além disso, quais são as marcas desses objetos e o que elas representam no imaginário das pessoas? Esse ponto é muito importante, porque muitas vezes negligenciamos o poder que as marcas têm de emprestar para a nossa imagem todos os significados que elas carregam. Marcas que vivem perto do nosso corpo – principalmente de vestuário, tecnologia e acessórios – investem milhões em branding para que as pessoas façam associações e atribuam valor aos seus produtos. Por isso, quando você os carrega consigo, automaticamente esses atributos são associados à sua imagem, seja de forma positiva ou negativa. Por exemplo: se você anda todos os dias com uma mochila da marca X e essa marca é construída para jovens estudantes, urbanos, descolados e destemidos, grande parte das pessoas que virem você com a mochila interpretarão que você se identifica com essas características, e é sua tarefa avaliar se isso é bom ou não para a sua imagem. Se você for um homem que quer ser visto como uma pessoa madura, de origem simples, acessível e alegre, talvez essa não seja a melhor marca para levar estampada nas suas costas todos os dias.

TAREFA 8

Defina a sua imagem ideal.

É essencial não se fixar em nenhum padrão de beleza; definir uma imagem ideal para você passa muito, muito, muito longe disso. Padrões de beleza matam as marcas pessoais porque padronizam as pessoas, enquanto a criação de marca pessoal é sobre nos tornarmos mais autênticos, únicos e memoráveis – e só podemos fazer isso ressaltando aquilo que nos caracteriza, que nos diferencia dos demais.

Então, a sua tarefa aqui é desenhar uma imagem ideal que reforce aquilo que você tem de único, que ajude você a ser memorável. Temos na história uma série de pessoas com imagens memoráveis porque ressaltaram características físicas, assumiram cortes de cabelo ou estilos de barba muito caricatos, adotaram acessórios ou estilos de vestir muito marcantes. Enfim, trata-se de qualquer coisa que facilite o seu reconhecimento, que fixe na cabeça das pessoas a sua imagem.

Quer exemplos? Se você for convidado para uma festa à fantasia em que é mandatório se vestir imitando alguma personalidade da vida real, qual seria sua escolha? Algumas opções seriam Elvis Presley, Amy Winehouse, Marilyn Monroe, Michael Jackson, Barack Obama... mas por quê? Todas essas pessoas tinham ou têm imagens muito marcantes, memoráveis, estilos diferentes do que estava na moda na época, e eram ou são consistentes no uso daquilo que lhes é único, do que as tornou memoráveis. Não estou dizendo que seja obrigatório você adotar uma imagem tão marcante (só se isso fizer você feliz e for condizente com a sua personalidade), mas entender o que está por trás dessas imagens tão fortes e adotar um pouco desse comportamento pode nos ajudar muito na construção de uma imagem memorável.

Darren Bridger, em seu livro *Neuromarketing*, explica como o nosso cérebro interpreta o que vemos. É um processo que ocorre a partir da atuação de dois sistemas, que o autor chama de 1 e 2. Em resumo, o sistema 1 é responsável pelos processos mentais que não exigem muito esforço ou raciocínio. Esse sistema decodifica imagens rapidamente para que possamos sobreviver com o máximo de eficiência, ou seja, recrutando o mínimo de gasto de energia pelo cérebro (que demanda bastante para funcionar). Já o sistema 2 é responsável pelas análises que exigem mais esforço, pelas tomadas de decisão baseadas em lógica – já que, nesses casos, a observação superficial e automática não é suficiente. Dessa forma, o sistema 2 demanda mais energia (por isso procuramos evitá-lo) e funciona de forma mais lenta.

Sendo assim, quando olhamos uma imagem, seja ela um quadro, uma foto, um objeto ou uma pessoa, o sistema 1 vai tentar decodificá-la primeiro. É assim que sabemos rapidamente a diferença entre um homem e um cachorro, ou a diferença entre um homem bravo e um homem alegre – pois conseguimos identificar rapidamente que uma testa franzida tem um significado diferente de um sorriso largo.

A mesma coisa acontece quando se trata do reconhecimento de pessoas. Imagine que você está procurando seu melhor amigo no meio de uma multidão. A princípio, o sistema 1 vai tentar ajudar, buscando pessoas com características semelhantes (estilo de cabelo, cor de pele, estatura física). Se você encontrar alguém parecido, mas ao chegar mais perto perceber que os detalhes da imagem daquela pessoa não condizem com os do seu amigo, o mais provável é que você se afaste rapidamente, talvez com vergonha. Para evitar essa situação constrangedora novamente, o sistema 2 passa a procurar com mais atenção aos detalhes e às características únicas que você conhece do seu amigo. Até seus ouvidos ficarão mais atentos, preparados para reconhecer o tom de voz; e o mesmo vale para o olfato, que pode notar o perfume que ele sempre usa. Viu? Buscamos as características únicas da pessoa ou os elementos que ela repete, aquilo que entendemos ser do seu gosto, porque nosso cérebro tem a imagem dela pré-formada e, quanto mais memorável ela é, mais difícil de perdê-la na multidão (literal e subjetivamente).

No livro *Neuromarketing*, o tema da "memorabilidade" da imagem também aparece quando o autor fala sobre os nove princípios de Ramachandran, concebidos pelo neurocientista homônimo, pesquisador da área de neuroestética. Um desses princípios é o que ele chama de "mudança de pique e os estímulos supernormais" – trata-se, basicamente, da possibilidade de intensificar o momento de reconhecimento do cérebro a partir da acentuação dos aspectos visuais mais característicos ou marcantes de determinada imagem, exatamente como fazem os caricaturistas e os publicitários.

Minha proposta é que você encontre no seu corpo ou no seu guarda-roupa quais aspectos podem ser ressaltados para tornar sua imagem mais memorável e única. No meu caso, para dar um exemplo, eu decidi assumir o cabelo loiro, o que foi um desafio – pois tenho a pele negra e achava que essa mistura seria muito ousada (porque, no fim, ela chama atenção) –, assumi os óculos com armações mais chamativas e aboli o uso do que eu chamo de "calças normais". Quase todas as minhas calças agora têm algo de diferente, seja a cor, a forma ou algum recorte inesperado. Também evito comprá-las em lojas de departamento, para que elas sejam peças mais exclusivas e diminuir o risco de eu encontrar alguém com a mesma calça no dia a dia. Assim, essas peças trazem um diferencial e um estilo único à minha forma de vestir.

Busque referências, procure no seu guarda-roupa por algo que você já tenha e que seja marcante. Assuma esse elemento como visual statement ("assinatura de estilo") e não se esqueça da repetição, pois ela é essencial para tornar a sua imagem memorável.

TAREFA 9

Você sabe o que são arquétipos? O conceito foi criado e popularizado pelo psicanalista Carl Gustav Jung, que os define como "o conteúdo do inconsciente coletivo" que se modifica a partir do momento que tomamos consciência da sua existência. Ou seja, é algo que está no íntimo das nossas mentes, que existe para além da nossa racionalidade e que é "mitologizado" geralmente a partir de fenômenos da natureza.

Ele diz, por exemplo, que a água é um dos símbolos mais comuns do inconsciente, assim como o dia e a noite, o nascimento e a morte, o tempo e a sabedoria. Segundo Jung, captamos o que ocorre "fora de nós" para interpretar o que vivenciamos "dentro de nós", e

VALOR É SOBRE O OUTRO, É SOBRE A SATISFAÇÃO DE UMA NECESSIDADE, É SOBRE UM BENEFÍCIO ENTREGUE

@OSUBORDINADO

não existe um número limitado de arquétipos – pois sua existência é complexa e depende de algo além da vivência do indivíduo –, mas é certo que "o homem despertou num mundo que não compreendeu; por isso, quer interpretá-lo".

Dito isso, fica claro que precisamos ir além ao falarmos sobre imagem, porque a interpretação que os outros fazem de nós ultrapassa aquilo que veem: ela também é constituída pelo que ouvem, pelo cheiro que sentem, por referências que vão além da racionalidade. De acordo com um estudo feito pela Universidade de Glasgow, em milésimos de segundos um simples "olá" pode ser julgado como confiável ou não, e esse julgamento pode ser consistente dentro de um grupo de pessoas que escutaram o mesmo cumprimento. Isso demonstra que, de forma irracional, elas captaram sinais da mesma forma (através do inconsciente coletivo).

Tendo isso em vista, precisamos pensar além das nossas roupas e estilos de cabelo. É inteligente pensar na nossa presença – que, na minha interpretação, *é a existência do eu de forma ativa, que emana autenticidade através das dimensões da aparência, do comportamento e do cheiro.*

Já falamos sobre aparência nas tarefas anteriores, por isso agora vou dar algumas dicas simples de como utilizar estrategicamente as outras dimensões, começando pelo comportamento que engloba nossa linguagem corporal e nosso tom de voz. Segundo Pierre Weil e Roland Tompakow, autores do livro O corpo fala, nosso corpo pode ser dividido em três partes, simbolizadas na obra como animais: a cabeça é a águia, o tórax é o leão e a barriga é o boi – que representam, respectivamente, a sabedoria, o ego e o instinto. Com isso, em nossa linguagem corporal ressaltamos ou retraímos cada uma dessas "fatias" de acordo com o que queremos comunicar inconscientemente aos nossos interlocutores.

Controlar esses sinais não é tarefa fácil, já que estamos falando de reações quase automáticas, mas, quando se trata de estabelecer nossa imagem na mente das pessoas à nossa volta, usar esse conhecimento sempre que possível pode ser muito útil. Por exemplo: em uma apresentação no trabalho, atentar-se para manter o peito aberto comunicará, sem que você diga uma só palavra, que você está confiante. Outro exemplo: ir com a cabeça para a frente, em direção ao seu chefe, comunica que você está atento ao que ele está falando, que está concentrado em entender o que ele diz.

O mesmo ocorre com o tom de voz, pois muitas vezes nosso timbre, volume e articulação de fala são reações automáticas à forma como nos sentimos e, portanto, difíceis de controlar. Mas, sempre que pudermos, é importante utilizar a voz de forma que ela nos ajude a construir nossa presença e, consequentemente, nossa imagem na mente das pessoas. De forma prática: em uma conversa com seu chefe ou em uma apresentação, evite usar um tom de voz muito agudo ou falar em um volume muito baixo, pois isso transmite baixa credibilidade e insegurança; tente deixar sua voz um pouco mais grave para transmitir maturidade, mas sem exagerar a ponto de ela ficar sombria.

A terceira dimensão do que chamo de presença é o cheiro. Todos gostamos de usar bons perfumes, e muitos até se preocupam em utilizar sempre o mesmo para ter um cheiro característico e identificável pelas pessoas. Quem nunca gostou de ouvir "nossa, sabia que você estava chegando pelo perfume que tomou conta do ar"? Mas o que geralmente não fazemos é pensar em quais emoções aquela fragrância pode trazer para quem está à nossa volta. Segundo artigo do Instituto do Cérebro (Inscer), o olfato é o único dos cinco sentidos diretamente ligado ao sistema límbico, responsável por gerenciar nossas emoções. Assim, não podemos ignorar o poder do perfume, já que ele é um dos elementos mais eficientes que podemos literalmente colocar em nós mesmos para gerar determinada emoção em nossos interlocutores.

Não sou uma grande pesquisadora de fragrâncias, mas com certeza a indústria de beleza tem os melhores profissionais desenvolvendo os perfumes disponíveis no mercado e grandes marqueteiros traduzindo em ótimos comerciais o que essas fragrâncias transmitem. Com isso, nosso trabalho fica mais fácil, porque você só precisa prestar atenção à publicidade para entender qual sensação ou emoção cada fragrância visa provocar. Na prática, se você estiver usando um perfume cuja propaganda é muito sensual, e esse não for o tipo de emoção que você quer provocar nos seus colegas de escritório, é melhor deixar esse perfume somente para os momentos divididos com um par romântico.

A presença é um elemento bastante intangível, mas muito importante no desenvolvimento e gerenciamento da nossa marca pessoal. Nos parágrafos anteriores, tentei dar algumas dicas simples e práticas para que você comece a pensar e agir na formatação da sua imagem para além da sua aparência, mas eu sei que essa tarefa não é fácil e exige prática. De qualquer maneira, o mais importante é que você se teste. Comece escolhendo uma reunião com um colega para se atentar a um desses elementos, vá descortinando o seu comportamento e aos poucos migrando do modo automático para o modo estratégico de se comportar. Com o tempo e com a repetição, essa presença estratégica se tornará o seu padrão de conduta e você verá como ela contribui para fortalecer sua imagem.

Você pode estar se perguntando: *"tudo bem, eu entendi que me preocupar com a minha presença em todas essas dimensões é importante, mas como eu vou escolher, dentre todos os estilos, comportamentos e cheiros existentes, qual expressa melhor quem eu quero ser no mundo?"*

Bom, existe uma ferramenta que usamos na criação de marcas de produtos e que pode ser replicada para a criação de marca pessoal, mas é essencial que eu ressalte aqui: se você não estiver confiante no processo de autoconhecimento e identidade, volte duas casas e faça os exercícios propostos nos tópicos anteriores até que você saiba com clareza quem você quer ser "na fila do pão". Agora, se você estiver confiante, siga em frente!

Quando pensamos em produtos, as características intangíveis são definidas por meio do arquétipo de marca. As autoras do livro *The Hero and the Outlaw*, Margaret Mark e Carol S. Pearson, foram pioneiras em aplicar o conceito da psicanálise de Jung na construção de marcas. Elas explicam que, para ganhar significado e prosperar, as marcas devem contar histórias valiosas, e uma recomendação é fazer isso a partir dos 12 principais arquétipos.

Figura 7: Círculo de arquétipos

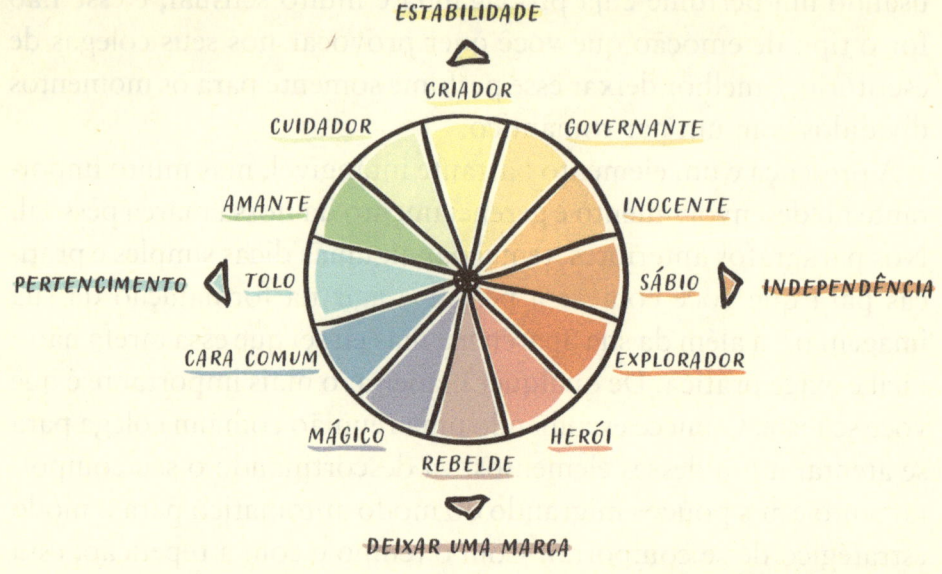

ESTABILIDADE
CRIADOR
CUIDADOR
GOVERNANTE
AMANTE
INOCENTE
PERTENCIMENTO — TOLO
SÁBIO — INDEPENDÊNCIA
CARA COMUM
EXPLORADOR
MÁGICO
HERÓI
REBELDE
DEIXAR UMA MARCA

Fonte: MARK e PEARSON (2001).

Fato é que, quando falamos sobre marcas pessoais, o mesmo se aplica. Não estou dizendo que devemos nos tornar rebeldes, amantes ou mágicos de forma caricata, mas se naturalmente identificarmos características nossas semelhantes a um ou dois desses arquétipos, podemos usar elementos ligados a eles (que já residem na psique dos nossos interlocutores), facilitando o processo de formação da nossa imagem em suas mentes. Vou citar um exemplo:

Eu me identifico muito com o arquétipo do sábio, que, segundo a definição do livro *The Hero and the Outlaw*, acredita que através do conhecimento é possível criar um mundo melhor. Assim, eu trabalho estrategicamente para que a minha presença (imagem, comportamento, voz e cheiro) desperte nos meus interlocutores as sensações que um sábio do imaginário delas despertaria. Na prática, eu uso óculos, sempre carrego um livro a tiracolo ou o deixo propositalmente sobre minha mesa de trabalho. Eu escuto os problemas das pessoas e sempre tento trazer qual ensinamento aquela experiência pode proporcionar. Ou, ainda, se estou em uma reunião de trabalho e não concordo com algum ponto apresentado, eu me manifesto de forma a provocar as pessoas presentes a buscar mais conhecimento sobre o tema ou a entender se há dados que comprovem aquele fato, diferentemente do que faria alguém que se identifica com outro arquétipo.

Preciso deixar claro que não interpreto um personagem. O que fiz foi identificar que eu naturalmente já agia assim e que isso vai ao encontro da minha personalidade e das minhas características fortes. Agora tenho consciência de que esses são comportamentos que não posso deixar de lado para que as pessoas me interpretem exatamente como quero que elas o façam: como uma mulher inteligente, ponderada e que busca aprendizado em todas as situações (sábia).

VALOR

O que você tem a oferecer de mais valioso para uma pessoa que quer conversar com você por uma hora?

Antes de começarmos a falar sobre isso, preciso fazer uma ressalva importante sobre esse tema: em nossa cultura, baseada no consumismo, muitas vezes crescemos com a crença de que só temos valor para a sociedade quando possuímos determinadas coisas ou quando conquistamos determinado padrão de vida, mas isso mata a nossa capacidade de sermos plenamente felizes no presente.

Valor não é sobre isso; essa crença precisa sair da sua mente.

Se continuarmos acreditando nessa falácia de que seremos felizes quando tivermos a casa X, o carro Y e as roupas ABC, sempre haverá uma neblina que nos impedirá de enxergar as qualidades em nós que realmente agregam valor para as pessoas à nossa volta (na carreira e na vida pessoal). Assim, imagine as pessoas que você ama despidas de coisas, imagine seus pais sem a casa deles, imagine seu parceiro sem o restaurante bacana em que vocês comem juntos, imagine seus amigos sem o carro deles e sem a festa a que vocês foram juntos. O que sobra nessas pessoas e que você não conseguiria viver sem? Esse exercício é o que você precisa fazer consigo mesmo. Sem todas as suas coisas, o que você entrega para as pessoas à sua volta? Esse é o seu verdadeiro valor.

Por causa do meu perfil introvertido, sempre senti um intenso frio na barriga ao ser convidada para almoçar com alguém de quem eu não fosse muito próxima. A pergunta "mas sobre o que vamos conversar?" sempre me vinha à mente e eu não sabia como preencher o vazio da resposta. Afinal, ter conversas superficiais nunca foi o meu forte (eu geralmente sou bastante concisa ao contar um "causo") e eu sei que levar só papos-cabeça para a mesa não é o que as pessoas mais apreciam.

Até que um dia eu estava em uma livraria, um pouco frustrada por não ter encontrado o que eu estava procurando, e me deparei com uma pilha de livros e um título que me chamou atenção: *Como fazer amigos e influenciar pessoas*, de Dale Carnegie. Na hora pensei que a obra poderia conter ensinamentos muito interessantes sobre como uma pessoa introvertida pode se desafiar a fazer amigos e influenciar pessoas. Então, comprei o livro ingenuamente e fui embora.

Se você não conhece o autor e sua obra, pare agora e compre esse livro. Ele foi escrito em 1936 e até hoje perdura como uma das leituras essenciais no mundo dos negócios, tendo vendido mais de 50 milhões de cópias (a edição que eu comprei é a de número 53). O autor também ministrava cursos para ensinar seus princípios de como melhorar relacionamentos interpessoais com o objetivo de obter resultados, e seu método é ensinado até hoje pelo instituto Dale Carnegie ao redor do mundo.

O livro me surpreendeu muito e me deu uma importantíssima lição sobre valor. Eu imaginava que, para me relacionar melhor com as pessoas e desenvolver minha capacidade de networking, eu teria que mudar a mim mesma, me desafiar a utilizar novas técnicas de *storytelling* e criar na minha mente um "banco de assuntos" para garantir que o meu interlocutor se mantivesse interessado em mim durante um simples almoço. No entanto, o que Carnegie me ensinou é que a fundação para a construção de um bom relacionamento está em reconhecer o valor do outro e respeitar o ponto de vista dele, entre outros princípios centrados em como agir de forma empática para melhorar nossos relacionamentos.

Isso explodiu a minha mente. Sabe por quê? Porque eu estava vivendo sob a crença de que eu não era boa de networking, mas de acordo com os princípios de Dale Carnegie – um cara muito fera, super-reconhecido e com muita credibilidade – na verdade eu era muito boa nisso. E eu tinha um certificado para provar! Aos 11 anos de idade, fui pela primeira e única vez para um acampamento de férias da escola, na qual eu tinha acabado de entrar. Como eu era nova na turma e meus pais estavam fazendo de tudo para que eu me adaptasse, eles acharam que seria uma boa ideia eu passar por essa experiência. Pela primeira vez eu fiquei uma semana longe de casa, com adultos estranhos e crianças que ainda não eram minhas amigas. O acampamento correu bem, eu me diverti, participei de atividades diferentes, vivi experiências únicas na minha vida (como andar de caiaque) e, ao final, os monitores fizeram uma "cerimônia de encerramento", dando a cada criança um certificado que descrevia sua caraterística que mais havia se destacado ao longo daquela semana, e o meu certificado veio com o título de "miss amiga".

Eu já não me lembro de muitas coisas que vivi na infância e na adolescência, incluindo boa parte do que fiz naquele acampamento, mas o discurso daquela monitora ao me dar o certificado eu nunca esqueci. Ela disse: "estamos te dando o certificado de miss amiga porque você, durante todo esse período, sempre ouviu as pessoas e em todas as situações se esforçou para que todos sempre ficassem bem, encontrando um caminho do meio, uma solução que agradasse a todo o grupo". Foi a primeira vez que eu tomei conhecimento de uma característica valiosa minha, e esse episódio me marcou tanto que eu realmente incorporei a capacidade de ser uma boa ouvinte e de entender o ponto de vista das pessoas, buscando construir soluções que sejam boas para todos.

Estou contando essa história porque, entre o ponto A (o acampamento) e o ponto B (a leitura do livro), eu desenvolvi e tomei consciência de que o meu maior valor é a capacidade de ouvir as pessoas. Eu entendi que é extremamente valioso oferecer, a uma pessoa que queira conversar por uma hora comigo, um ouvido atento e uma disposição para auxiliá-la a encontrar soluções que sejam boas para todo mundo. Sinceramente, quando eu tomei consciência disso e passei a observar se os outros eram tão bons em ouvir quanto eu, notei que a minha habilidade é rara e que eu deveria me orgulhar dela, e não tentar preencher o vazio do almoço com conversa fiada, mas com o meu interesse genuíno em escutar o que as pessoas têm a dizer. O que eu passei a desenvolver foi uma habilidade de fazer boas perguntas, porque assim eu agrego ainda mais valor tanto para quem está falando, desabafando, contando sua história, quanto para mim, que estreito minhas relações, ganho a confiança das pessoas e aprendo com elas.

Valor, no marketing, é o que faz o público-alvo pagar pelo seu produto, e não pelo produto do concorrente. Sendo assim, valor é diferente de preço – na verdade, valor é o que tira o peso do fator preço no momento da tomada de decisão, porque o consumidor percebe que o produto vale o que custa pelo benefício que entrega. Valor é sobre o outro, é sobre a satisfação de uma necessidade ou de um desejo, é sobre um benefício entregue.

Para descobrir em que você agrega valor, é preciso olhar para fora e identificar quais necessidades, desejos e benefícios seu público-alvo valoriza. No caso de marcas pessoais, para ser mais específica, nosso público-alvo são todos os nossos interlocutores. Essas pessoas com quem nos relacionamos é que determinarão o real valor daquilo que entregamos, elas é que têm a régua para mensurar e dizer se os atributos que você considera fortes em si são realmente relevantes para o "mercado" delas. Ao fazer isso como colaborador, você se destaca, você passa a ser reconhecido e procurado pelo valor que você agrega para o time e, consequentemente, para a organização como um todo.

Utilizando meu exemplo novamente: eu descobri o meu valor em uma esfera relativamente pequena das minhas relações interpessoais, mas conforme eu fui incorporando e desenvolvendo a habilidade de ouvir, passei a fazer isso em outras áreas da vida. Como profissional do marketing, ouvir os consumidores é extremamente valioso e diferencia a minha entrega de estratégias de comunicação, uma vez que elas sempre estão mais conectadas com o que os consumidores falam, porque eu os escuto. Quero dizer que é possível partir do micro, descobrindo algo valioso em você em um âmbito específico. Como essa característica é forte na sua personalidade, ao desenvolvê-la você certamente vai extrapolá-la para o macro, para outras esferas da sua vida em que ela também será valorizada como um diferencial.

DIFERENCIAÇÃO

O que você, sua personalidade e suas atitudes oferecem de valor para os seus interlocutores certamente são diferenciais, mas há outras coisas que também podem exercer esse papel e, com isso, fazer com que você se sinta mais realizado, mais útil e mais feliz.

Não é à toa que somos a geração "slash", ou geração "barra" (/): nós gostamos muito de destacar aquilo que nos diferencia do restante das pessoas, pois entendemos que a mistura do todo forma algo único e complexo, que somos nós mesmos. Essa característica é muito observada em jovens que trabalham na área da cultura e que se descrevem como músicos/fotógrafos/produtores/designers (entre várias combinações), porque, na arte, invariavelmente o olhar e as referências de um campo interferem no resultado dos demais, de forma prática e tangível.

No trabalho dentro das organizações, exploramos menos essa possibilidade, já que em espaços mais formais essa fluidez pode ser mal interpretada e entendida como "essa pessoa não sabe o que quer" ou, ainda, "essa pessoa está se preparando para mudar de carreira". Entretanto, isso não tem impedido que sejamos de fato cada vez mais multidisciplinares. Eu mesma sou administradora/marqueteira/criadora de conteúdo/coach/estrategista de marca pessoal e eu sei que, no trabalho que desenvolvo em todas essas frentes, a minha experiência em cada uma interfere no resultado das demais, pois o meu olhar é formado por tudo isso junto.

De qualquer maneira, essa falta de entendimento e incentivo aos profissionais slash não deve nos impedir de explorar outras habilidades e talentos (e até outros trabalhos), porque esse comportamento é essencial para a criação de repertório (referências que você adquire a partir de tudo o que vê, ouve e lê) e pode resultar na melhora da criatividade e do pensamento inovador – muito valiosos, aliás, para as próprias empresas. Não espere que seus chefes liberem você mais cedo para visitar uma galeria de arte, para criar seus posts nas redes sociais, para fazer pesquisa de tendências, para participar de uma aula de culinária ou qualquer atividade extra que beneficie você – e, por consequência, a empresa em que você trabalha –, mas vale se esforçar no contraturno e nos fins de semana. Faça isso por você, pela sua carreira, pela sua composição única de habilidades.

Você terá outro grande benefício se essa busca por atividades acontecer fora da sua área de atuação e for além das coisas de que você gosta. Estou falando do desenvolvimento da tolerância às diferenças. Ouse vivenciar até as coisas que de cara fazem você pensar "humm, isso aqui não faz meu estilo", pois exercitar essa vivência fora da sua zona de conforto contribuirá para a expansão do seu repertório e para a habilidade de ser cada dia mais empático. Vemos nas grandes empresas uma grande valorização da diversidade, vista como facilitadora da inovação, mas para que esse encontro de diferentes pessoas, culturas e perspectivas de mundo realmente produza benefícios dentro das organizações, é necessário haver tolerância ao novo, disponibilidade de interação e propensão à busca pelo entendimento. Sem isso, vamos acabar com empresas estatisticamente mais diversas, mas, na prática, apenas com mais silos.

É importante dizer que, apesar dessa tendência, o aumento da diversidade nas organizações caminha a passos lentos. Segundo dados publicados pela *Harvard Business Review*, a igualdade de gênero ainda deve demorar mais de cem anos para acontecer em escala global. No Brasil, de acordo com dados da PNAD Contínua e do IBGE, apesar de as mulheres representarem 52,4% da força de trabalho, seus rendimentos equivalem a somente 77% dos rendimentos dos homens. Quanto à população negra, dados de 2018 apontavam que 41,9% da população economicamente ativa da região metropolitana de São Paulo era composta por negros, mas historicamente os rendimentos desse grupo são menores do que os das pessoas não negras – segundo pesquisa do DIEESE, em 2017 os negros receberam 69,3% do rendimento dos não negros, e um dos motivos é sua baixa presença nos setores da economia com melhores salários.

Quero destacar que, como colaboradores, temos a chance de melhorar essas estatísticas. Mais do que isso, temos uma responsabilidade, pois, uma vez que as empresas abrem suas portas para o aumento da diversidade, são as nossas atitudes no dia a dia que permitirão a troca genuína de ideias entre pessoas diversas, a criação de novos projetos e a elaboração de novas formas de solucionar problemas. Através da lente das "minorias" e com a nossa participação ativa, os benefícios da diversidade poderão de fato aflorar nas empresas e ir além no papel. Isso abrirá cada vez mais os olhos da liderança para a temática e tornará esses programas maiores, mais relevantes e mais eficientes.

Vale ressaltar que diversidade não é só sobre diferenças raciais, de gênero ou de orientação sexual: é também sobre diversidade de pensamento. É claro que ela encontrará terreno mais fértil se as pessoas partirem de origens diferentes, mas não só – muitas vezes, indivíduos com o mesmo histórico (que estudaram na mesma escola e moraram no mesmo bairro, por exemplo) possuem visões de mundo distintas, mas têm maior tendência a "se encaixar" quando estão em ambientes de pessoas muito parecidas, nos quais o receio de não concordar com certas normas pode ser maior. Por isso, é muito importante não andarmos por aí com nossos "pré-conceitos" de que as pessoas à nossa volta são iguais a nós ou querem ser iguais a nós, presumindo que elas concordam com tudo o que pensamos e falamos. Permitir-se ver a diversidade do mundo nesse nível é muito benéfico, pois só assim conseguiremos evoluir, criar o novo e permitir a nós mesmos e aos outros (independentemente de origem, raça, gênero ou o que for) viver a própria autenticidade e explorar os próprios diferenciais.

OBJETIVOS

Até aqui, falamos sobre estratégias para que você se conheça e ferramentas para auxiliar a comunicação efetiva do seu "eu mais autêntico" para o mundo. O discurso é muito bonito, mas a verdade é que tudo isso exige de nós uma coisinha bem complexa: mudança de comportamento.

Para nós, seres humanos, essa é uma tarefa difícil e é por isso que eu defendo que a forma mais eficiente de sair da "aleatoriedade" e começar a ser e agir com propósito, intenção, clareza e estratégia é ter objetivos muito claros. E isso não é novidade, tanto que nos últimos anos temos visto essa teoria aparecer no discurso de gurus, *coaches* e cientistas, assumindo diferentes nomes: "propósito", "porquê", "rumo", "norte". Mas não importa o nome – no fim, todos falam de vivermos por um objetivo maior.

Quando o livro *Propósito*, do Sri Prem Baba, surgiu e virou uma febre, eu relutei muito em lê-lo, porque eu achava que essa obsessão por um propósito maior – tido como legítimo quando a pessoa largava tudo para ajudar crianças carentes ou viajar pelo mundo disseminando alguma ideia super espiritualizada – provocava mais pressão desnecessária do que felicidade e libertação. Pressão porque, na minha visão, como vocês bem sabem, não é viável que nós todos larguemos tudo, não é viável que todos sejamos gurus de alguma coisa. Indivíduos comuns, "na média" (como eu e você), precisam trabalhar e colocar comida na mesa, precisam viver a vida rodeados pelas pessoas que amam e merecem ser felizes.

Eu me despi do meu "pré-conceito" (recomendo muito que você faça isso também), li o livro e entendi que, na verdade, não se trata desse "propositozão" de nos tornarmos grandes figuras em um pedestal de sabedoria e capacidade de mudar o mundo. Trata-se pura e simplesmente de termos objetivos claros, ligados aos nossos valores, e estarmos dispostos a melhorar o entorno com a nossa presença. Não existe pressão para que você seja maior do que você já é, mas existe um convite para que você seja de fato aquilo que pode ser, um convite para não ficarmos submersos em ideais do que se espera de nós – e para que, assim, não sejamos marionetes da mídia, das empresas em que trabalhamos ou das pessoas que nos rodeiam, nem façamos isso com quem está à nossa volta.

Ter um propósito, um objetivo, ou como queira chamar, é um convite a viver sua vida de acordo com os seus parâmetros, porque é isso o que se observa nessas pessoas que de fato têm um "propositozão", e é por isso que elas aparecem tanto como exemplos.

A verdade é que o potencial humano é imensurável, e a maioria esmagadora de nós vive amarrada por ideias e padrões que nos fazem infelizes. Então, olhar para si e identificar o que só você pode entregar para o mundo – seja ele a sua casa, a sua empresa, a sua rua, o seu bairro, o seu país ou o mundo mesmo – pode ser a força motriz para que você se desamarre e entre em ação com todo o seu potencial, tornando-se mais feliz e entregando valor.

"Ok, tá tudo muito bom, tudo muito bem, mas... e na prática?"

Bom, para a prática, como sempre, existem técnicas e vamos explorá-las. Antes, preciso deixar claro que me agrada mais usar a palavra "objetivo" do que esses outros termos mais etéreos, pois "objetivo" significa, de forma pura e simples, "aquilo que se deseja alcançar quando se realiza uma ação". "Objetivo" não é menor do que "rumo", "propósito" ou "norte" – ele pode ser do tamanho que você desejar, mas é preciso haver ação para que ele exista. Não é como o norte, que está lá mesmo que você esteja no sul; não é como o rumo ou a direção, que estão lá mesmo se você estiver parado (além disso, basta que você se vire e o rumo muda); não é como o propósito, que você propõe, mas não passa de intenção.

Em primeiro lugar, para definir objetivos precisamos desenvolver uma habilidade essencial: a autoconfiança. É muito mais fácil sermos ousados quando definimos nosso propósito apenas no campo da imaginação. Quando falamos em objetivo, está implícito o fato de que teremos de agir para atingi-lo. É por isso que muitas vezes somos tímidos ao desenhá-lo, porque não temos autoconfiança suficiente para colocar em palavras um objetivo grande, daqueles que moram nos nossos sonhos. Dá um frio na barriga só de pensar, não é mesmo?

Então, a ideia é entendermos duas coisas. A primeira delas é que autoconfiança não é a certeza de que faremos determinada coisa sem dificuldade, mas a convicção de que daremos o nosso melhor para aquilo acontecer, a constatação de que temos comprometimento com aquilo apesar das dificuldades, a certeza da importância de agirmos em prol de alguma coisa. Afinal, sermos bem ou malsucedidos em qualquer tarefa nunca depende inteiramente de nós – às vezes, ainda não temos habilidade suficiente, há fatores externos que nos impedem ou as condições daquele momento não são as ideais. Autoconfiança é saber que, com as condições do momento, estamos ali por inteiro e dando o nosso melhor.

A segunda coisa que precisamos saber é que existe uma voz na mente de todos nós que nos sabota. Enquanto eu escrevia este livro, ela surgiu muitas vezes dizendo: "quem você pensa que é para escrever um livro?", "é claro que ninguém vai ler este livro, porque você não será capaz de lançá-lo", entre outras coisas. O que aprendi é que essa voz é normal, mas o que ela diz não é verdade. Até que eu termine o livro, eu não saberei se ele é realmente bom ou não; até que eu tente lançá-lo, eu não saberei se serei capaz ou não... E, se as coisas não saírem como eu imaginei, existe sim a possibilidade de eu desistir, mas também existe a possibilidade de eu melhorar o texto ou buscar ajuda de alguém que já tenha lançado um livro. Uma recomendação que ouvi de diversas fontes é: nomeie essa voz (a minha se chama Gabi) – assim, quando ela surgir com todo o seu pessimismo, ficará mais fácil identificá-la. Com o passar do tempo, a sua mente consciente automaticamente passa a dizer "aff, lá vem a Gabi".

Muitas vezes nos deixamos levar pela nossa "Gabi". Não só quando se trata de desenhar objetivos, mas diariamente, quando precisamos levantar e fazer algo simples, algo que se fosse feito repetidamente nos ajudaria a conquistar o que queremos. Essa voz fica dizendo "desta vez, não", "ah, você vai fazer hoje, tá, mas e amanhã? Amanhã tenho certeza de que você vai mudar de ideia. Então, nem se dê ao trabalho" ou, ainda, "cara, as pessoas vão te julgar se você fizer isso. Se você ficar fazendo todos os dias, aí elas vão te tachar de XPTO e você nunca mais vai conseguir voltar atrás". Enfim, uma infinidade de argumentos para manter você parado. Mas uma frase motivacional que escutei no curso de *coaching* e nunca mais saiu da minha cabeça – e que tem sido um ótimo antídoto contra a minha Gabi – é a seguinte: "as coisas só não darão certo se você parar de tentar". Ou seja, é sempre uma questão de tempo, disciplina, paciência e resiliência.

Disciplina é o ato de controlar alguém ou a si próprio. Saiba que você terá que se controlar para fazer aquilo que precisa ser feito sem desculpas. No início da jornada, principalmente, em que o objetivo parece estar longe, será necessário estabelecer as regras que você mesmo precisará seguir, porque o seu sabotador vai aparecer e ele tem duas principais estratégias para fazer você desistir: (1) sabotar pela dor, colocando a sua mente em um lugar de medo, insegurança, não pertencimento, ou diminuindo a relevância daquilo que você quer fazer; (2) sabotar pelo prazer, de forma que você fique pensando no que ganharia se não fizesse aquilo, no tempo livre para fazer o que lhe dá prazer imediato; a sua mente vai clamar por variedade, você vai se cansar e perder a vontade de fazer todos os dias a mesma coisa por um longo período de tempo. Nos dois casos é a disciplina que faz com que você persista, levante e faça o que precisa ser feito, independentemente do nível de vontade. A boa notícia é que, com a repetição e conforme o tempo passa, nós absorvemos determinada ação como hábito. Quando começamos a ver resultados (mesmo que pequenos), precisamos despender menos força e, então, tudo vai ficando mais fácil.

Paciência é o ato de não perder a calma ao longo do tempo, mesmo em momentos difíceis. E nós, de maneira geral, somos péssimos nisso. Perdemos a paciência se as coisas não saem como queremos, se as coisas não acontecem rapidamente, se as pessoas não respondem como esperávamos e se nós mesmos não conseguimos ser tão disciplinados quanto gostaríamos (porque não seremos). A paciência vem como elemento de equilíbrio, aquela "parada de bola" necessária para colocar a cabeça no lugar quando o nosso instinto é jogar tudo pelos ares. A paciência é o elemento que nos mantém mais racionais ao longo do processo, sempre nos lembrando de que uma coisa é expectativa, desejo, e que outra coisa é a realidade, e tudo bem.

Resiliência é um conceito que vem da Física e se refere à capacidade que alguns corpos têm de reconstituir sua forma original depois de serem submetidos a más condições. No âmbito do desenvolvimento pessoal, resiliência é entendida como a capacidade de nos adaptarmos a mudanças ou adversidades. A resiliência, para mim, é a junção da paciência com a sabedoria, porque une a capacidade de parar a bola e manter a calma mesmo na dificuldade, com a sabedoria de que não se pode dar murro em ponta de faca – ou seja, persistir em algo que não está funcionando. É preciso aprender e se adaptar, tentar um caminho novo e contornar as adversidades rumo ao seu objetivo. Existe, ainda, o conceito de "antifrágil", criado pelo autor e estudioso Nassim Nicholas Taleb. Indo além da resiliência, ele diz que não é preciso apenas voltar à forma original depois da adversidade, mas voltar melhor, mais forte e, assim, "beneficiar-se do caos" e do que deu errado.

Se aprendermos a fazer o que precisa ser feito, com paciência e adaptando ou melhorando o que for necessário ao longo do tempo, não há como as coisas darem errado. O que pode acontecer é o objetivo ou o caminho até ele se modificarem, ou levarmos mais tempo do que esperávamos para chegar lá. Mas vai acontecer.

Nos próximos tópicos, vou compartilhar com você o meu método de desenho de objetivos de carreira, um compilado de algumas ferramentas que conheci e experimentei ao longo dos últimos anos.

TAREFA 10

Depois de todo o processo de autoconhecimento que você trilhou até aqui, é esperado que você já saiba quais são os seus valores, suas potencialidades, seus diferenciais em relação aos colegas da sua área e como você quer ser visto com base nesses atributos. Agora, é o momento de avaliar seu nível de satisfação com sua situação atual.

A pesquisa *Strengths Based Leadership*, do Instituto Gallup, descobriu que quando um líder não foca nas forças de seus liderados, o engajamento deles com o trabalho é de 9%. Porém, se o trabalho é focado nas potencialidades do indivíduo, o engajamento é muito maior: 73%. Mas, como você sabe, este livro não é sobre o que a liderança faz, e sim sobre o que nós podemos fazer. Então, conhecendo esses dados, convido você a avaliar sua satisfação com sua situação atual, levando em conta se você tem empregado suas potencialidades do dia a dia ou não.

Comece fazendo uma lista dos seus pontos fortes e dos seus pontos a desenvolver. Procure se desprender daquela lista que você fez para passar na entrevista de emprego e construa uma lista do zero, considerando sua história, sua identidade, sua imagem de marca e suas características mais marcantes. Para além de qualquer escopo de vaga e da sua área de atuação, quais são os seus pontos fortes como pessoa?

Ao descrever os seus pontos fracos, faça o mesmo exercício de desprendimento. Ninguém julgará você a partir desses aspectos nem tomará nenhuma decisão sobre sua capacidade com base nessa lista; é algo de você para você mesmo. Então, seja honesto: quais são as coisas nas quais você não vai muito bem? Pense naquelas tarefas que exigem de você muito esforço para serem cumpridas e identifique quais habilidades e características faltam para que você as faça com mais facilidade.

Por fim, identifique quais pontos fracos você realmente tem vontade de desenvolver, porque muitas vezes, com base nos nossos valores, empregar esforço para desenvolver certas habilidades não faz sentido para nós. Por outro lado, somos capazes de reconhecer habilidades que fazem falta no nosso dia a dia e que podem se tornar complementos interessantes aos nossos pontos fortes – nessas, vale a pena o esforço de desenvolvimento.

Com essa lista em mãos, crie um balanço do seu nível de satisfação, identificando o que faz você feliz no seu trabalho e o que nem tanto, como você gosta de trabalhar e como não gosta, por que você trabalha nessa área hoje e o que faria você sair dela. Em seguida, reflita sobre quais habilidades você está empregando em cada um dos casos – são seus pontos fortes ou seus pontos fracos? Com essa análise, você poderá olhar o seu balanço atual e responder: você se sente satisfeito ou insatisfeito com a sua carreira?

Minha recomendação é responder de forma objetiva: satisfeito ou insatisfeito? Assim, você terá um bom direcional para os próximos passos de construção de objetivos – se você estiver insatisfeito, será um caminho de mudança e busca por novas oportunidades; se estiver satisfeito, será um caminho de desenvolvimento e melhoria do que você já tem.

Figura 8: Avaliação de satisfação na carreira

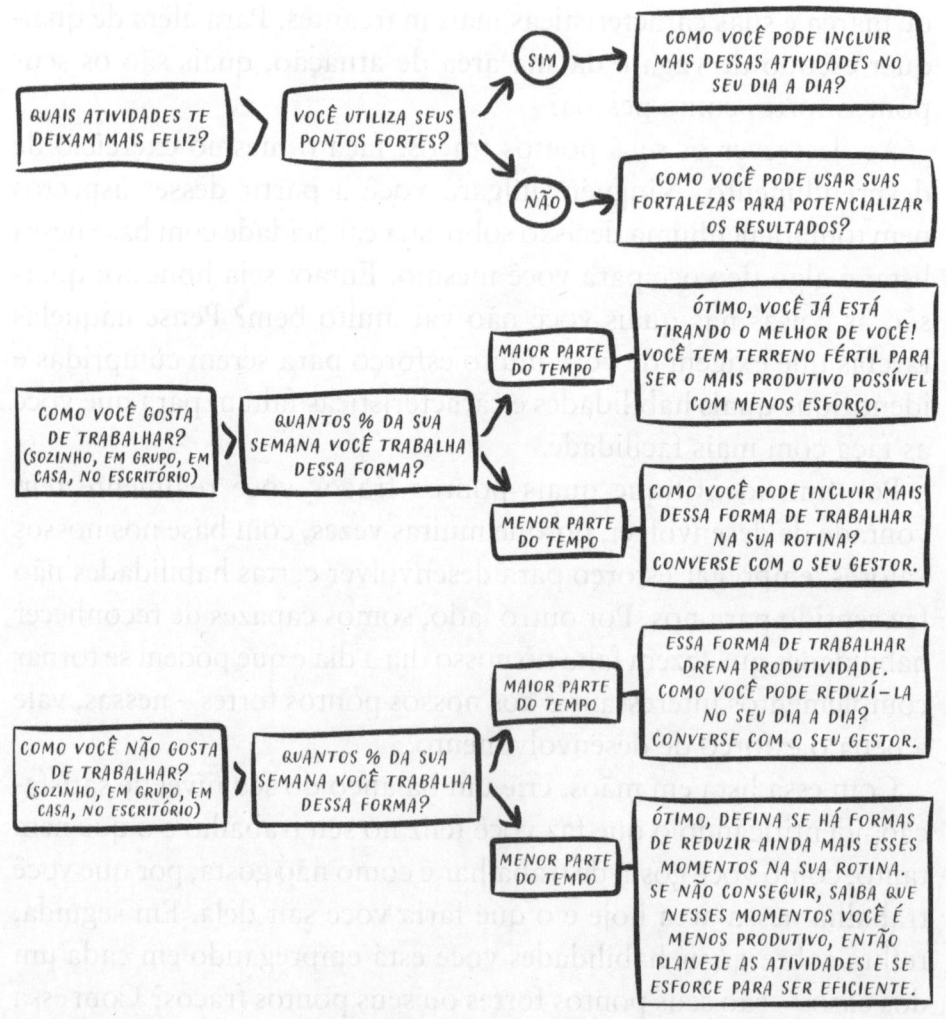

```
QUAIS ATIVIDADES TE DEIXAM MAIS FELIZ? → VOCÊ UTILIZA SEUS PONTOS FORTES?
    SIM → COMO VOCÊ PODE INCLUIR MAIS DESSAS ATIVIDADES NO SEU DIA A DIA?
    NÃO → COMO VOCÊ PODE USAR SUAS FORTALEZAS PARA POTENCIALIZAR OS RESULTADOS?

COMO VOCÊ GOSTA DE TRABALHAR? (SOZINHO, EM GRUPO, EM CASA, NO ESCRITÓRIO) → QUANTOS % DA SUA SEMANA VOCÊ TRABALHA DESSA FORMA?
    MAIOR PARTE DO TEMPO → ÓTIMO, VOCÊ JÁ ESTÁ TIRANDO O MELHOR DE VOCÊ! VOCÊ TEM TERRENO FÉRTIL PARA SER O MAIS PRODUTIVO POSSÍVEL COM MENOS ESFORÇO.
    MENOR PARTE DO TEMPO → COMO VOCÊ PODE INCLUIR MAIS DESSA FORMA DE TRABALHAR NA SUA ROTINA? CONVERSE COM O SEU GESTOR.

COMO VOCÊ NÃO GOSTA DE TRABALHAR? (SOZINHO, EM GRUPO, EM CASA, NO ESCRITÓRIO) → QUANTOS % DA SUA SEMANA VOCÊ TRABALHA DESSA FORMA?
    MAIOR PARTE DO TEMPO → ESSA FORMA DE TRABALHAR DRENA PRODUTIVIDADE. COMO VOCÊ PODE REDUZÍ-LA NO SEU DIA A DIA? CONVERSE COM O SEU GESTOR.
    MENOR PARTE DO TEMPO → ÓTIMO, DEFINA SE HÁ FORMAS DE REDUZIR AINDA MAIS ESSES MOMENTOS NA SUA ROTINA. SE NÃO CONSEGUIR, SAIBA QUE NESSES MOMENTOS VOCÊ É MENOS PRODUTIVO, ENTÃO PLANEJE AS ATIVIDADES E SE ESFORCE PARA SER EFICIENTE.
```

Obs: Para definir os percentuais, considere o total de horas que você trabalha na semana e defina quantas horas você trabalha em cada um dos cenários (em grupo, sozinho, em casa, no escritório). Se precisar, tome nota da sua agenda durante uma semana e depois faça o exercício.

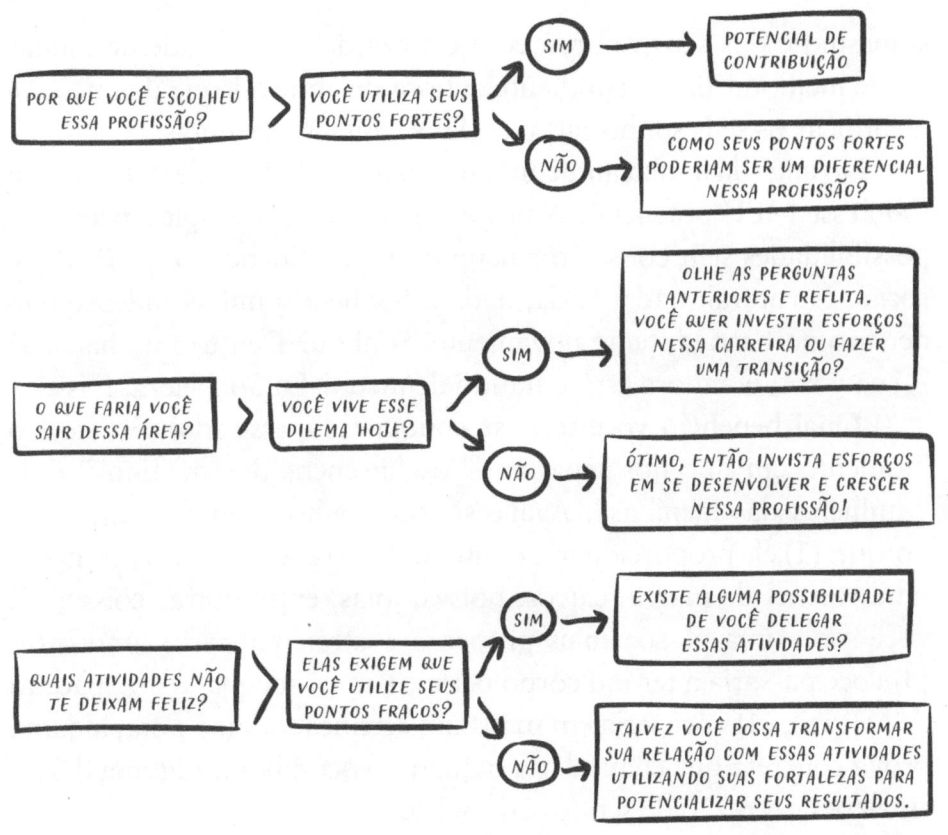

```
POR QUE VOCÊ ESCOLHEU        VOCÊ UTILIZA SEUS      SIM →  POTENCIAL DE
ESSA PROFISSÃO?        >     PONTOS FORTES?                CONTRIBUIÇÃO

                                                    NÃO →  COMO SEUS PONTOS FORTES
                                                           PODERIAM SER UM DIFERENCIAL
                                                           NESSA PROFISSÃO?


                                                           OLHE AS PERGUNTAS
                                                           ANTERIORES E REFLITA.
                                                    SIM →  VOCÊ QUER INVESTIR ESFORÇOS
                                                           NESSA CARREIRA OU FAZER
O QUE FARIA VOCÊ             VOCÊ VIVE ESSE                UMA TRANSIÇÃO?
SAIR DESSA ÁREA?       >     DILEMA HOJE?

                                                    NÃO →  ÓTIMO, ENTÃO INVISTA ESFORÇOS
                                                           EM SE DESENVOLVER E CRESCER
                                                           NESSA PROFISSÃO!


                                                    SIM →  EXISTE ALGUMA POSSIBILIDADE
                                                           DE VOCÊ DELEGAR
                                                           ESSAS ATIVIDADES?
QUAIS ATIVIDADES NÃO         ELAS EXIGEM QUE
TE DEIXAM FELIZ?       >     VOCÊ UTILIZE SEUS
                             PONTOS FRACOS?                TALVEZ VOCÊ POSSA TRANSFORMAR
                                                    NÃO →  SUA RELAÇÃO COM ESSAS ATIVIDADES
                                                           UTILIZANDO SUAS FORTALEZAS PARA
                                                           POTENCIALIZAR SEUS RESULTADOS.
```

Fonte: Elaborada pela autora.

TAREFA 11

Definido o seu nível de satisfação, é hora de começar a planejar para onde você vai. Aqui, eu espero que você esteja seguro consigo mesmo e focado no futuro, mas se ainda houver coisas do passado que fazem você duvidar de si mesmo, crenças limitantes que impedem você de olhar para a frente com confiança, pare os exercícios e se pergunte: "esses pensamentos e crenças me ajudam ou me atrapalham?" Você provavelmente concluirá que eles atrapalham e há muito tempo vêm impedindo você de seguir os seus sonhos. Caso você ache necessário, busque ajuda profissional para desmistificar esses fantasmas que moram na sua mente, pois é possível entendê-los e ressignificá-los.

Mas se esse não for o seu caso e você sentir que está pronto para seguir em frente, empossado da sua versão mais autêntica, *expert* de si mesmo e dos seus valores, com clareza da sua vontade de mudar ou de melhorar daqui em diante, é hora de abrir o leque de opções e identificar os seus sonhos através das seguintes perguntas:

1) No auge da minha autoconfiança, o que SÓ EU poderia fazer com todo esse MEU potencial? A proposta aqui é bem simples: pense em possibilidades sem considerar nenhum limite financeiro, geográfico, social, estrutural, nada, nada, nada... Sonhe e sonhe grande; se não der frio na barriga, tente novamente. Sonhou? Deu frio na barriga? A sua voz sabotadora está gritando de medo? Então, beleza. É isso.

2) Qual benefício você teria se conquistasse esse sonho? Este é o momento em que nós separamos os "homens dos meninos" e as "mulheres das meninas". Avalie se esse sonho é valioso para você porque: (1) ele proporcionaria muito dinheiro e seria possível comprar muitos itens de marca, carros, bolsas, joias, entre outras coisas; (2) você seria uma pessoa mais propensa a atrair parceiros amorosos; (3) você passaria a ter um corpo perfeito, mais adequado ao "padrão de beleza"; (4) você teria em mãos um certificado, uma nota, alguma prova concreta que chancelaria o quanto você é bom. Alguma dessas situações é a razão de ser do seu sonho?

Se sim, saiba que, segundo estudos apresentados pela professora Laurie Santos no curso *The Science of Well-Being*, da Universidade de Yale, esses tipos de benefício não nos fazem mais felizes, por uma série de razões – entre elas, o fato de que nos acostumamos muito rapidamente com eles.

De forma nenhuma quero dizer a você o que sonhar, mas acredito ser importante pensar se o seu sonho não poderia ser algo que beneficiasse você no sentido de: (1) proporcionar mais conexões sociais; (2) possibilitar mais tempo livre para se dedicar aos seus diversos interesses e às pessoas que você ama; (3) melhorar sua saúde mental; (4) ajudar você a ser mais gentil consigo mesmo e com as pessoas à sua volta. De acordo com estudos apresentados no mesmo curso, essas são algumas das coisas capazes de realmente nos tornar mais satisfeitos com nossas vidas por mais tempo.

Para facilitar o entendimento, dou como exemplo o meu grande sonho, que é me tornar uma *expert* em branding pessoal para colaboradores em organizações. Esse sonho me dá frio na barriga porque, para chegar lá, tenho um caminho de muito estudo e dedicação a percorrer. Preciso estar de fato preparada para então ser reconhecida. O benefício que esse grande sonho de carreira me traria seria, primeiramente, poder me conectar com pessoas por meio do meu conhecimento, apresentando-lhes ferramentas que empoderam subordinados dentro de grandes organizações. Em segundo lugar, eu provavelmente conseguiria maior flexibilidade no futuro, tendo minha marca reconhecida e podendo escolher projetos que fazem mais sentido para mim.

TAREFA 12

Agora é hora de desenhar os seus objetivos e metas. Essa tarefa é muito importante e precisa ser feita com muita atenção, pois estudos demonstram que, dependendo da forma como esse objetivo é construído, ele pode motivar mais ou menos o indivíduo a atingir o que deseja. Um objetivo bem feito tem o poder de interferir na nossa capacidade de agir, na nossa performance com relação a ele.

Antes de iniciarmos, quero esclarecer que estamos falando apenas de objetivos que você estabelece para si mesmo de acordo com seus valores e seus sonhos. Quando se trata de objetivos que a empresa, seu chefe ou qualquer outra entidade externa estipula para você, talvez a forma como ele foi desenhado não faça a menor diferença, uma vez que você não sente motivação intrínseca em persegui-lo – e já vimos que ela é extremamente importante, certo? Mas um estudo conduzido pelos pesquisadores Gary Latham e Lise Saari indica que, mesmo quando as metas são estabelecidas para nós, a nossa participação efetiva em sua formulação pode aumentar o nível de dificuldade dos objetivos, bem como a compreensão de como atingi-los, e essas são variáveis que tendem a contribuir para uma melhor performance.

Objetivo tem cheiro. Objetivos não são coisas etéreas como "ser feliz", "viver saudável", "me sentir satisfeito". Não, objetivos são fatos concretos que precisam ser tangíveis. Em resumo, você precisa saber que está lá quando chegar lá, você precisa sentir o cheiro do objetivo alcançado, precisa respirar o ar da conquista e saber disso.

Sendo assim, vamos tratar o desenho de objetivos de forma científica e prática.

Existe uma cadeia de acontecimentos para que um objetivo seja atingido, e essa cadeia é composta por uma série de tarefas que precisam ser cumpridas. Os estudos científicos sempre avaliam se estabelecer um objetivo com determinadas características faz o indivíduo agir de fato e performar melhor para atingi-lo. Daqui em diante, vamos entender o que os principais estudos sobre o tema apontam como melhores práticas.

O conteúdo de um objetivo é primordialmente um resultado que se quer atingir, e ele geralmente tem quatro características principais:

1) Dificuldade: um objetivo pode ser fácil ou difícil, e isso depende do nível de proficiência exigido do indivíduo que irá executá-lo para chegar a uma boa performance. Exemplo: mandar um e-mail é uma tarefa mais fácil do que fazer uma análise de dados – o nível de proficiência exigido por cada tarefa é diferente.

2) Intensidade: um objetivo pode ter alta ou baixa intensidade dependendo do nível de capacidade cognitiva e/ou esforço físico que ele demanda e da sua importância para o contexto geral em que está inserido. Exemplo: criar um planejamento estratégico demanda mais esforço, mais tempo e tende a causar um impacto maior na empresa do que uma análise de dados.

3) Complexidade: se dá pelo número de resultados esperados a partir daquele objetivo e o nível de inter-relação entre eles. Exemplo: o planejamento estratégico das suas metas individuais é menos complexo do que o planejamento estratégico das metas do seu time inteiro, pois afeta somente você, leva em conta apenas as suas habilidades e não demanda uma orquestração de interesses e ambições.

4) Conflito: está ligado ao que se ganha e ao que se perde com a conquista de determinado resultado. Exemplo: uma mudança de cadeira dentro da mesma área implica menos conflitos do que uma mudança de empresa, pois a mudança de emprego pode atrasar a entrega de algum projeto e gerar desconforto, principalmente se a migração for para um concorrente.

O que os estudos descobriram é que, nos mais diversos contextos, objetivos mais difíceis, complexos e intensos levam a uma melhor performance se comparados a objetivos fáceis, menos complexos e menos intensos, apesar da menor probabilidade de eles serem alcançados integralmente. Isso ocorre porque, quando "miramos alto", ainda são grandes as chances de fazermos algo relevante, mesmo que abaixo do esperado.

Quanto à especificidade, o que os cientistas buscaram descobrir foi a correlação entre boa performance e ter uma meta específica ou uma meta difusa ("dar o meu melhor para conseguir", por exemplo). A conclusão é que essa correlação não é tão direta, mas metas específicas nos ajudam a ter parâmetros mais claros do que precisa ser feito para chegar a um objetivo e, consequentemente, mensurar/avaliar melhor se foi feito o que era necessário – e, com isso, traçar estratégias mais claras para ir do ponto A ao ponto B. Com base na chamada "teoria do controle", podemos dizer que, quanto mais específico o objetivo, mais evidentes ficam os "erros" ao longo do caminho e, portanto, mais fácil traçar estratégias de ações corretivas que levam a uma performance melhor.

Assim, de acordo com a ciência, bons objetivos, que tendem a nos levar a uma boa performance, são difíceis e específicos. Mas existe mais um ingrediente essencial nessa fórmula: se a dificuldade for extremamente alta, se sentirmos um alto índice de conflito entre o objetivo e o contexto em que estamos inseridos ou, ainda, se a intensidade do esforço nos deixar ansiosos, a possibilidade de desistirmos aumenta. Então, é preciso estabelecer os objetivos dentro dessa proposta, mas sempre equilibrando o nível de dificuldade com o que acreditamos ser de fato atingível.

Agora, eu convido você a escrever o seu objetivo em uma frase, sendo específico e garantindo que ela represente tudo o que você se propõe, de forma que, ao chegar lá, você sinta o cheiro do sucesso e se perceba realizado. Um exemplo:

"Eu quero fazer uma palestra sobre branding pessoal em um grande evento da área de gestão de pessoas."

TAREFA 13

O último passo, não menos importante, é definir em quanto tempo você quer atingir esse objetivo. Não importa se você está desenhando algo para daqui um ano ou 20 anos, o que importa é que você mensure esse tempo para estabelecer a estratégia de como chegar até lá. Para isso, existe uma ferramenta chamada "mapa da estrada".

Quando você define um objetivo de forma eficiente, sabendo que ele é relevante para você e que tem um nível de dificuldade razoável, só de pensar em viver aquele momento você abre um sorriso no rosto e consegue imaginar a sua felicidade, mas também sente um frio na barriga. Esse "medinho" pode nos paralisar, e é isso que o mapa da estrada busca evitar.

A ideia é que você agora planeje como vai chegar lá, passo a passo. No entanto, sabendo-se que a maioria de nós olha para o objetivo e pensa "nossa, mas vai ser tããão difícil chegar tão longe, acho que não sei nem por onde começar", a técnica do mapa da estrada (que eu aprendi no curso de *coaching*) subverte a lógica do planejamento e nos convida a começar de trás para frente.

Então, imagine que você atingiu seu objetivo e está vivendo o que você quer viver, sentindo o sabor da conquista. Imaginou? Ok, agora pergunte a si mesmo: o que precisa ter acontecido imediatamente antes para que eu viva esse momento? Vamos usar o meu objetivo para ilustrar:

Momento 0: meu objetivo é fazer uma palestra sobre branding pessoal no evento X.

Momento 1: o que precisa ter acontecido exatamente antes é eu ter me preparado para falar no palco.

Momento 2: antes de eu começar a me preparar, preciso ter recebido um convite e tê-lo aceitado.

Momento 3: antes de ter recebido um convite, preciso ter feito um lançamento de sucesso do meu livro.

Momento 4: antes de ter feito um lançamento de sucesso, tenho que ter contratado uma assessoria de imprensa.

Momento 5: antes de ter contratado uma assessoria de imprensa, preciso ter planejado o lançamento do livro.

E assim por diante.

Aqui, eu chamei as etapas de "momento 0, 1, 2...", mas você pode determinar os meses do ano em que cada coisa precisa acontecer, dependendo do horizonte de tempo que você estabelecer para que o objetivo seja atingido. Digamos que eu quisesse fazer a palestra em dezembro de 2021: então, o momento 0 será dezembro de 2021, o momento 1 será novembro de 2021 e assim sucessivamente.

Ao final desse exercício, você terá o passo a passo das macrotarefas para chegar até o seu objetivo. Com isso, você poderá começar a planejar as microtarefas que precisam ser executadas dentro de cada mês até que você cumpra a macrotarefa e avance para o próximo passo. Não deixe de fazer esse exercício, pois é transformador enxergar que existe um caminho possível para atingir sua meta e que está nas suas mãos sair da zona de conforto, entrar em ação e cumprir cada microtarefa para chegar lá. Isso lhe dará clareza sobre tudo o que está nas suas mãos para conquistar aquilo que você quer.

Contudo, sabemos que existem fatores fora do nosso controle que podem nos desviar desse caminho, como novas prioridades, problemas de saúde, questões financeiras, alinhamento com parceiros de vida, outras oportunidades que você não havia vislumbrado... e tudo bem, isso é normal. O mapa da estrada não existe para nos prender em um plano imutável. Na verdade, assim como toda ferramenta, ele existe para nos orientar, mas sempre de forma flexível. Ele pode e deve ser adaptado quando as mudanças chegarem, e elas vão chegar.

A habilidade que nos faz alcançar as coisas que queremos na vida é a de *planejar estrategicamente o que precisa ser feito e fazer*, não existe outra saída. Mesmo se o seu objetivo mudar, o que precisa ser feito é simplesmente uma mudança de planejamento – as macro e microtarefas mudam, o que não muda é a ferramenta e a forma de executá-la.

Com o tempo e o desenvolvimento dessa habilidade, você se verá traçando mentalmente um mapa da estrada para quase tudo na vida. Ele se torna sua bússola, aquela que tira o seu barco do mar escuro e o coloca no melhor trajeto que você pode imaginar.

CAPÍTULO 5
VOCÊ CGO

Em nossa jornada até aqui, espero ter deixado claro que a melhor forma de sermos colaboradores mais felizes e mais eficientes é, em primeiro lugar, colocarmos nosso foco no autoconhecimento, e, em segundo, entendermos os "porquês" de as coisas serem como são e trabalharmos para que o sistema nos favoreça – enquanto nos tornamos agentes de mudança dispostos a criar um futuro do trabalho com maior harmonia entre os interesses das pessoas e os dos negócios.

Neste último capítulo, depois de todo o conteúdo que vimos até aqui, quero convidar você a realmente assumir o posto de gestor da sua carreira. Por isso escolhi a nomenclatura CGO, que significa *Chief Growth Officer* – ou, em uma tradução livre, "diretor de crescimento" –, e é exatamente assim que eu quero que você se veja: como líder da sua própria vida.

Em uma empresa, a função do diretor executivo (ou CEO, de *Chief Executive Officer*) é determinar a visão estratégica da companhia, definir e disseminar a cultura da organização e alinhar a visão de diferentes setores para que toda a engrenagem caminhe para um objetivo comum. O CGO tem a mesma função, mas com foco no crescimento da organização e na busca por oportunidades de ampliação dos negócios em novos mercados, com novos clientes ou novas categorias, de modo a proporcionar saltos de crescimento para a empresa.

Não sejamos ingênuos: no fim do dia, todos nós que trabalhamos em empresas queremos atingir patamares mais altos, com desafios maiores, liderando negócios e pessoas de forma a "crescer e aparecer" no mercado de trabalho. No entanto, espero ter deixado claro que isso não vai cair no seu colo só porque você tem tempo de casa – tendo em vista, principalmente, as tendências que o futuro do trabalho nos reserva. Então, você precisa trabalhar de forma a agregar valor à organização da qual você faz parte para que, assim, o crescimento venha como consequência.

Outro ponto sobre o qual já conversamos, mas que sempre vale lembrar, é que não faz sentido entrar na pira de que você só será feliz quando for promovido. Isso não é verdade, e a única coisa que essa crença faz é gerar ansiedade e insegurança. Falaremos de crescimento como um ciclo natural das coisas – você desenvolve uma estratégia, faz um bom trabalho, entrega resultados e o crescimento vem, a recompensa chega. Se estivermos bem preparados, o ciclo recomeçará, pois estaremos capacitados a continuar gerando mais e mais valor, a partir de desafios maiores e mais complexos.

Certa vez ouvi uma frase que me marcou muito: "a sua liderança é medida pelo tamanho dos desafios que você enfrenta". Assim, a primeira coisa que sugiro que você faça é rever os objetivos que você desenhou no capítulo 4 e responder às seguintes perguntas:

» Esses objetivos são realmente ambiciosos ou você foi comedido ao defini-los?
» Eles refletem o estilo de vida que você quer ter no futuro? Considere aspectos além do mundo do trabalho, principalmente os mais pessoais ou que impactam outras pessoas que estão na sua vida. No que tange a outras pessoas, se há objetivos que interferem na vida delas, conversem sobre suas ambições e saiba que você não pode impor a sua vontade. Talvez você precise fazer concessões. Busque um equilíbrio dos estilos de vida se eles forem muito distintos, faça acordos com relação às prioridades da família. Enfim, comunique-se abertamente e tenha clareza de quais pontos são negociáveis e quais não são.
» Qual parcela desses objetivos depende de você? E quais dependem de outras pessoas? Se você fez o mapa da estrada, já sabe quais ações estão nas suas mãos, mas liste também quais pontos dependem de fatores externos para que você tenha clareza desse limite entre suas ações e as de outrem.

Pronto. Feito isso, vamos começar a trabalhar no método para atingir seus objetivos. Como diretor de crescimento da sua carreira, você precisa gerenciá-la por meio de habilidades essenciais que farão você entrar de fato em ação (e não ficar só na teoria do protagonismo). É importante dizer que não estou sozinha ao recomendar que você desenvolva essa habilidade:

como já falamos anteriormente, o Fórum Econômico Mundial, em seu reporte de 2020 sobre o futuro do trabalho, apontou a autogestão como uma das habilidades que mais ganharão importância no mercado de trabalho até 2025.

RESPONSABILIDADE

Na administração clássica, a função do administrador de dirigir tem o sentido de orientar o time e a organização de forma que todos cooperem para o alcance das metas. No nosso caso, vamos chamar essa função de *autogestão* – um hábito, aliás, muito importante, porque, uma vez que você termine este livro e não tenha mais tarefas para cumprir no seu caderno de notas, há uma tendência muito forte de que você feche os dois e nunca mais volte a pensar na sua carreira da forma estratégica como estou propondo aqui.

Reconheço que o dia a dia e os velhos hábitos tendem a nos "engolir", principalmente quando sabemos que todo esse trabalho é de longo prazo. Por isso, a palavra de ordem para você entrar em ação é comprometimento. *Você precisa se comprometer com o seu sucesso*; caso contrário, não há livro, não há método, não há curso que seja efetivo.

Eu me conectei com essa verdade há alguns anos, quando participei de um evento promovido pelo Thiago Nigro, proprietário do canal Primo Rico no Youtube e autor do livro *Do mil ao milhão*. Na época, eu estava focada em aumentar meus conhecimentos sobre investimento e expandir minha mente para além daquela trilha de vida comum e esperada, na qual trabalhamos, nos casamos, compramos um carro, uma casa, ficamos 30 anos endividados em um financiamento e só aproveitamos a vida depois dos 50 anos (e olhe lá, desde que tudo dê certo).

Depois de dez horas de evento, em uma sala onde certamente havia mais de 300 pessoas, tendo absorvido um conteúdo muito denso de finanças e assistido a palestras de convidados extraordinários, minha mente explodiu com uma provocação feita pelo

Joel Jota, parceiro do Thiago naquele evento. Foi mais ou menos assim: "parabéns, vocês viveram esse dia, fizeram a escolha de estar aqui e isso é ótimo, mas sinto informar que só uma parcela das pessoas aqui será milionária no futuro. Então, eu pergunto: quem de vocês realmente será?" Boooom! Eu levantei a mão e assumi o compromisso em voz alta, na frente daquelas 300 pessoas: "eu serei".

Somente as duas pessoas que estavam sentadas ao meu lado (além de mim mesma) realmente ouviram o meu compromisso, mas esse momento foi crucial na minha trajetória, porque eu entendi que aquele esforço de dez horas, ou qualquer outro esforço teórico, não seria suficiente. Eu precisava estar comprometida com esse objetivo por muito mais tempo. Todas as minhas escolhas daquele momento em diante deveriam corroborar essa minha ambição, tanto as escolhas passivas (decidir não comprar uma roupa, por exemplo) quanto as escolhas ativas (ter uma renda extra, por exemplo).

Não me entendam mal: com o tempo, eu compreendi que, na verdade, para mim o que importa não é a sequência de seis zeros na conta bancária, mas a tranquilidade e a liberdade que ela me daria. Dessa forma, eu fui mais fundo e meu compromisso passou a ser com a liberdade, com a autonomia e com a felicidade no momento presente. *Nota da autora: é claro que, se eu puder ficar milionária no caminho, não vou reclamar, rs.*

Daquele momento em diante, eu criei um farol dentro da minha mente que se acende e aponta para o meu destino, lembrando-me do meu compromisso: "eu serei". E sempre que me deparo com escolhas e busco identificar se elas me aproximam ou me afastam do meu objetivo, eu me recordo da responsabilidade que assumi comigo mesma de chegar lá. Essa capacidade me auxilia muito a não terceirizar a responsabilidade pelos meus fracassos e sucessos. Todas as escolhas, sejam as que me afastam ou as que me aproximam do que eu quero, são responsabilidade minha.

Responsabilidade é uma das habilidades primordiais para a boa prática da autogestão. Um exercício muito interessante que faço é me perguntar: "como eu justificaria para aquela Beatriz que estava no evento do Thiago Nigro, que levantou a mão e se comprometeu em atingir a meta, que desta vez vamos desviar do caminho?" Se a explicação for boa o suficiente, eu fico em paz; se não for, eu volto atrás e me mantenho no caminho, e isso me aproxima do meu objetivo.

Para aumentar o seu nível de comprometimento e senso de responsabilidade com a sua meta, convido você a tentar reproduzir essa minha experiência. Pode ser diante do espelho, olhando nos seus olhos, com seu caderno de objetivos na mão e falando em voz alta: "eu me comprometo", "eu serei", "eu conseguirei". Mas, se você não sentir segurança de que isso será suficiente, converse sobre seus objetivos com seu parceiro, com seus pais, com seu melhor amigo ou, ainda, com um "parceiro de negócios" – ou, como muitas empreendedoras dizem, com uma "biz bestie". A ideia é que você tenha alguém que entenda o que seu objetivo significa para você, com quem você possa contar em momentos de dificuldade, alguém que vai se preocupar, perguntar como vai o andamento da sua meta e, mais legal ainda, que vai celebrar o seu sucesso.

Essa prática tem três benefícios principais: (1) você se compromete publicamente; mesmo que em um ambiente controlado, isso, de certa forma, fará você não querer ser visto como a pessoa que desistiu da ideia, que não fez o que precisava ser feito para alcançar o que dizia ser tão importante; (2) tendo por perto alguém que conhece você e sua trajetória, será possível desabafar quando as pedras aparecerem no caminho e (melhor ainda) celebrar quando vierem as vitórias; (3) muitas vezes, algumas ajudinhas podem surgir desse compartilhamento: talvez o seu parceiro de negócios conheça alguém que possa ajudar em alguma etapa do seu processo, talvez ele tenha um conhecimento que você precise desenvolver e possa ser seu mentor; enfim, você vai descobrir que essa troca pode ser surpreendente.

Mas o mais importante é: compartilhando com outras pessoas ou não, comprometa-se com o seu objetivo de forma clara. É importante não deixar dúvidas de que você está se responsabilizando. Não diga "eu tentarei", "eu buscarei", "eu me esforçarei"... Não, não, não. Seja assertivo, pois só assim você "programará" a sua mente para cumprir esse compromisso.

FOCO

Outra habilidade da autogestão é o foco. Protagonizar sua carreira e caminhar no sentido de atingir as suas metas exigirá que você faça escolhas o tempo todo, e elas sempre serão compostas de "sim" por um lado e de "não" pelo outro. Todos nós temos muita dificuldade em lidar com esses "nãos", porque é muito complexo encarar a falta daquilo que não teremos. Sempre somos levados a pensar "mas e se...?", "por que não posso ter um pouco dos dois?", "só desta vez"... E muitas vezes ficar em cima desse muro é o que nos deixa estagnados.

O exercício que eu proponho é que, ao traçar a sua estratégia, você mapeie quais "nãos" será necessário dizer ao longo do caminho. Se o seu objetivo de carreira for entregar um projeto X, no qual você pode agregar muito valor por conta do seu histórico dentro da empresa, tenha em mente que, se alguma atividade extra surgir, se algum projeto menor começar a ocupar mais tempo do seu dia do que o planejado ou até se aparecer uma oportunidade em outra área, mas que não converge com seus planos, você terá que dizer "não".

De modo geral, a cultura brasileira tem aversão a esse comportamento, pois geralmente entendemos a negativa como uma ofensa pessoal, e isso acontece no ambiente organizacional também. O que eu defendo é que, quando sabemos o porquê do "não", nosso desafio é encontrar uma forma ao mesmo tempo gentil e assertiva de dizê-lo, justificando por que aquilo não faz sentido para a nossa estratégia naquele momento. Utilizar a comunicação não violenta, que vimos anteriormente, também pode ser uma ótima alternativa.

Nas organizações do presente (e mais ainda do futuro), isso será cada vez mais valorizado, porque esse nível de foco na entrega que agrega valor denota um alto grau de motivação do funcionário, que demandará muito menos recursos da organização para fazer as coisas acontecerem, inclusive em termos de recompensas. O autor e consultor Jim Collins, em seu artigo *First Who, Then What* ("primeiro quem, depois o quê"), diz justamente isso e usa uma analogia interessante: os executivos excelentes se preocupam primeiro em definir quais pessoas precisam ocupar os assentos certos dentro do ônibus, porque só assim, tanto nos momentos calmos quanto nos momentos de incerteza, independentemente do que está por vir ao dobrar a esquina, cada pessoa saberá o que deve fazer e o fará da melhor forma possível para todos. Afinal, os benefícios não existem para obter comportamentos certos de pessoas erradas, mas para conquistar as pessoas certas de primeira e mantê-las na organização.

Como neste livro não falamos sobre o que os executivos podem fazer, e sim sobre o que nós, colaboradores, podemos fazer, a recomendação é que você mantenha o foco em escolher qual ônibus faz sentido para a sua trajetória. Se ficarmos pulando de um ônibus para o outro conforme a demanda, conforme a empresa quiser ou conforme a propaganda de benefícios mais bonita, não vamos chegar ao nosso destino final, mas a um lugar qualquer.

PERSISTÊNCIA

Já falamos sobre a importância do feedback, mas não adianta nada termos informações sobre aquilo em que somos bons e sobre nossos pontos de desenvolvimento se não persistirmos – ou seja, se não nos mantivermos constantes no processo de avançar no uso das nossas potencialidades e na melhoria dos nossos pontos a desenvolver.

Como falamos anteriormente, o processo de protagonizar nossas carreiras não será sempre fluido, muito pelo contrário: ele tende a ser cheio de responsabilidades, escolhas, desafios internos e externos, conflitos de interesse, entre tantos outros percalços. Por isso, um ponto importante para persistirmos apesar dos pesares é controlarmos o nosso desenvolvimento; e, por "controle", eu me refiro a monitoramento.

Já abordamos aqui o monitoramento de metas, que pode ser feito através do mapa da estrada, mas um controle que também é importante para nos mantermos perseverantes como protagonistas é garantir que estamos usando nossas potencialidades pelo máximo de tempo possível no trabalho. Como já vimos, isso ajuda a manter elevado o nosso nível de satisfação.

Pode parecer estranho falar sobre o controle das nossas fortalezas, mas acredito que esse comportamento é chave para a manutenção do nosso protagonismo. Gosto de usar a frase "honre suas fortalezas", porque ela sinaliza que você precisa explorá-las e garantir que não as está subutilizando por qualquer motivo que seja. Não tem chefe, posição nem empresa que não queira você operando no seu potencial máximo. E sempre é possível encontrar uma forma de aplicar, em alto nível, as suas habilidades fortes no dia a dia de trabalho, mesmo que elas não pareçam compatíveis com a sua função – inclusive, se você estiver nessa situação, isso pode se tornar um grande diferencial.

Por exemplo: se ser comunicativo é uma das suas características mais interessantes e latentes, mas você está em uma área em que essa habilidade não é muito requerida, é sua obrigação, como protagonista da sua própria carreira, garantir que essa sua competência não seja explorada somente com seus colegas no café. É seu papel, como CGO da sua carreira, pensar com sua liderança em maneiras de você agregar valor aos seus projetos, à sua área e à sua empresa utilizando seus pontos fortes em potência máxima. Só com você ali existe a possibilidade de um projeto que nunca seria pensado surgir, ser um sucesso e diferenciar a sua unidade de trabalho gerando vantagem competitiva.

Não é obrigação do seu gestor ou do RH "magicamente" notar o seu potencial e colocar um projeto incrível no seu colo. Ao mesmo tempo, você não precisa mudar de carreira para que sua habilidade seja explorada da melhor forma. Protagonismo de carreira demanda a capacidade de persistir na sua jornada mesmo que sua situação atual não seja a mais favorável, pois os momentos "perfeitos" na carreira corporativa são raros. Sempre haverá espaço para melhorias e é por meio do autoconhecimento e da comunicação efetiva que você se beneficiará – e também beneficiará a organização da qual você faz parte.

Outro ponto importante que demanda monitoramento contínuo é a sua imagem. Se você veio até aqui, começou a construir sua marca e a explorar sua imagem de forma mais estratégica, é preciso persistir nesse estilo que você quer imprimir para que ele de fato "cole" na mente dos seus interlocutores. Por isso, certifique-se de ter encontrado elementos ao redor de toda a sua comunicação não verbal que condizem com os seus objetivos de imagem e faça um *checklist* daquilo que você quer abraçar – e, também, dos comportamentos que devem ser evitados, principalmente se você estiver tentando se livrar de um hábito antigo que causa ruído na sua imagem.

Um exercício simples para criar o hábito do automonitoramento e se manter coerente no dia a dia é criar lembretes aleatórios – por exemplo, alarmes no celular programados para dias aleatórios da semana, com o propósito de que você pare e se observe. Observação: programe os alarmes para horários adequados, nos quais você geralmente não tem reuniões e o barulho não será um problema. Tire cinco minutos e, não importa onde você esteja, pare e analise:

» Como você está vestido?
» Como está o seu corpo? Se estiver sentado, como está sua postura? Se estiver em pé, próximo a alguém, qual a distância entre vocês?
» Se você estava falando, que tom de voz usou? E o volume? Se você se sentir confortável, pergunte para quem estava ouvindo você o que essa pessoa achou também.
» Se estiver na sua mesa de trabalho, como está a disposição das coisas? Os objetos que estão por perto refletem a imagem planejada por você?

Analise com cuidado e, se houver ruídos, elimine-os no mesmo instante. A ideia é que, com o tempo, você não precise mais dos alarmes e esteja sempre atento a tudo isso, até que os elementos que compõem sua imagem pretendida se tornem naturais.

PROCESSO

"Temos que aprender a nos desenvolver, a nos posicionar onde poderemos dar a maior contribuição possível e estar mentalmente alertas e comprometidos durante 50 anos de uma vida profissional (...)".

Esse é um trecho do artigo Gestão de si mesmo, de Peter Drucker, um dos maiores nomes da administração moderna. Ele resume muitíssimo bem a minha visão sobre carreira: não importa o seu cargo, para qual empresa você trabalha (se é que trabalha para alguma empresa), não importa a sua área, nem em qual região do mundo você está... **Você é o dono da sua carreira.**

Por muito tempo e por causa da lógica industrial, a camada operária foi passiva dentro das organizações, mas esse comportamento já não é aceitável há muito tempo, e é por isso que estamos ficando cada vez mais doentes dentro desse sistema de trabalho ultrapassado. Nós nos sentimos medíocres e ansiosos, mas de vez em quando aparecem algumas migalhas, chamadas "férias", que nos provocam felicidade instantânea, e nos damos por vencidos. Acabamos aceitando que o processo é assim mesmo, que "trabalho não é para ser bom".

Mas eu não me conformo. Como vamos ficar 50 anos, por mais de oito horas por dia, fazendo algo que não é nem um pouco satisfatório? Para mim, isso é inaceitável – da mesma forma que me recuso a acreditar que a felicidade só está no outro lado da moeda, na "liberdade" do empreendedorismo ou nos fartos salários do topo da pirâmide organizacional.

Foi por causa desse inconformismo que este projeto nasceu. Sem que eu precisasse sair do meu emprego, estruturei um método a partir do que funcionou para mim e que pode funcionar para outras pessoas também. No entanto, eu só posso vir até aqui. Posso apresentar a estrutura, as ferramentas, sugerir tarefas e boas práticas, mas quem precisa liderar e viver o processo é você mesmo.

Você precisa se inconformar com o fato de não ser feliz todos os dias e de uma pessoa incrível como você, com uma marca única como a sua, agregar um valor medíocre (ou nenhum valor) a uma organização que provavelmente está cheia de problemas precisando de soluções.

Você precisa se incomodar com isso e colocar em prática a mudança na sua vida, avaliando se esse processo funciona para o seu caso ou se existe uma maneira diferente de protagonizar sua própria carreira.

Esse processo não é imutável, muito pelo contrário: aprendizagem é algo múltiplo, habilidades são singulares em cada um de nós, e o que eu disponibilizei até aqui é uma estratégia que sem dúvida terá novas versões quando aplicada à vida de cada indivíduo que decidir experimentá-la. Mas o elemento fundamental em qualquer caso é acreditar no potencial de si mesmo, com a consciência de que se trata de um processo.

A partir do momento que você acreditar na premissa de que é dono da própria carreira, o seu dia a dia se tornará mais equilibrado, o seu vínculo com as pessoas se tornará mais significativo, a sua relação com o seu gestor será de parceria, a organização para a qual você trabalha se tornará o seu "playground", porque você terá clareza do que pode fazer por ela ao mesmo tempo que extrairá com intenção o que ela tem para lhe oferecer. Outro benefício é que, mesmo com os altos e baixos, você terá um objetivo claro, forte o suficiente para manter o foco na estratégia que você traçou para chegar lá. Mesmo que tudo ao seu redor vire de ponta-cabeça, você estará flexível e poderá seguir pelo caminho "da direita ou da esquerda", com a certeza de que em algum momento chegará aonde quer.

Já deixo um aviso: esse processo vai durar 50 anos (ou enquanto sua carreira existir) e por isso deve ser iniciado hoje. Como eu disse lá no começo, a vantagem que o subordinado tem é o tempo. Use-o em seu favor, se conheça, se encontre, explore, expanda seu arcabouço de referências, encontre seus métodos, construa suas planilhas, seus murais, seus cadernos, defina seus companheiros de jornada (você vai precisar deles), leia sobre o futuro do trabalho, comece a entender hoje como você agregará valor e será feliz quando as mudanças chegarem, porque elas vão chegar.

Por último, mas não menos importante: durante o processo, seja um *agente fomentador de protagonistas*. As coisas mudam quando cada uma de nós, abelhas-operárias, assume o controle da própria carreira, entende a sua importância dentro do todo e não aceita ser menos do que incrível ao se tornar aquilo que é. O mundo corporativo está mudando, e este momento em especial é perfeito para construirmos um ambiente de trabalho que respeite nossas individualidades, que respeite nossa saúde mental, que respeite nossas origens e como elas nos fazem diversos. Se cada funcionário dentro de cada organização lutar pelo que é melhor para si e para todos, conquistaremos voz contra gestores ruins, contra políticas parciais (que só são boas para as empresas) e contra tantas outras coisas que estão tortas dentro do universo empresarial há muito tempo – e que, por isso, não se encaixam mais em nosso mundo.

REFERÊNCIAS BIBLIOGRÁFICAS

AGÊNCIA EUROPEIA PARA SEGURANÇA E SAÚDE NO TRABALHO. **Locais de trabalho saudáveis contribuem para a gestão do stresse 2014-2015**. Disponível em: <https://osha.europa.eu/sites/default/files/infographic_1_pt.png>. Acesso em: 27 ago. 2020.

ARCOVERDE, Letícia. Autonomia dada aos funcionários melhora desempenho atrelado a metas. **Valor Econômico**, 13 de abril de 2012. Disponível em: <https://valor.globo.com/carreira/recursos-humanos/noticia/2012/04/13/autonomia-dada-aos-funcionarios-melhora-desempenho-atrelado-a-metas.ghtml>. Acesso em: 15 nov. 2020.

BATTISTONI, Fernão. **Cresça 1% ao dia**. [S. l.]: Buzz Editora, 2019.

BENDER, Arthur. *Personal branding*: construindo sua marca pessoal. 12. ed. São Paulo: Integrare, 2009.

BOHANNON, John. One type of motivation may be key to success. **Science**, 1º de julho de 2014. Disponível em: <https://www.sciencemag.org/news/2014/07/one-type-motivation-may-be-key-success>. Acesso em: 28 jun. 2020.

BRIDGER, Darren. **Neuromarketing**: como a neurociência aliada ao design pode aumentar o engajamento e a influência sobre os consumidores. São Paulo: Autêntica Business, 2019.

BROWN, Brené. **A coragem de ser imperfeito**. Rio de Janeiro: Sextante, 2016.

BUCKINGHAM, Marcus; CLIFTON, Donald O. **Descubra seus pontos fortes**. Rio de Janeiro: Sextante, 2008.

CAMBRIDGE DICTIONARY. **Verbete feedback**. Disponível em: <https://dictionary.cambridge.org/pt/dicionario/ingles-portugues/feedback>. Acesso em: 15 ago. 2020.

CAMERON, Kim; MORA, Carlos; LEUTSCHER, Trevor. Effects of Positive Practices on Organizational Effectiveness. **SAGE Journals**, 26 de janeiro de 2011. Disponível em: <https://journals.sagepub.com/doi/pdf/10.1177/0021886310395514>. Acesso em: 30 dez. 2020.

CARNEGIE, Dale. **Como fazer amigos e influenciar pessoas**. São Paulo: Companhia Editora Nacional, 2016.

CERIO, Gabriella; SHEPP, Jonah. Employees Need Mental Health and Well-Being Support Now More than Ever. **Gartner HR Leaders Monthly**. Outubro de 2020. Disponível em: <https://www.gartner.com/en/human-resources/trends/hr-leaders-magazine-october-2020>. Acesso em: 15 nov. 2020.

CHIAVENATO, Idalberto. **Introdução à teoria geral da administração**. 7. ed. Rio de Janeiro: Campus, 2004.

COHEN, Marina. Eles fazem tudo: conheça a "slash generation". **O Globo**, 12 de fevereiro de 2012. Disponível em: <https://oglobo.globo.com/cultura/megazine/eles-fazem-de-tudo-conheca-slash-generation-3949440>. Acesso em: 16 nov. 2020.

COLLINS, Jim. **First Who – Get the Right People on the Bus**. Disponível em: <https://www.jimcollins.com/article_topics/articles/first-who.html#articletop>. Acesso em: 15 nov. 2020.

COLLINSON, Dan. Put Your Strengths to Work at Work. **VIA Institute on Character**, 7 de agosto de 2016. Disponível em: <https://www.viacharacter.org/topics/articles/put-your-strengths-to-work-at-work>. Acesso em: 31 ago. 2020.

DECI, Edward L. Effects of Externally Mediated Rewards on Intrinsic Motivation. **Journal of Personality and Social Psychology**, v. 18, n. 1, p. 105-115, 1971.

DIEESE. Os negros no mercado de trabalho da região metropolitana de São Paulo. **Sistema Pesquisa de Emprego e Desemprego**, novembro de 2018. Disponível em: <https://www.dieese.org.br/analiseped/2018/2018pednegrossao.html>. Acesso em: 16 nov. 2020.

DINIZ, Daniela. Quanto vale um feedback. **Great Place to Work**, 22 de novembro de 2016. Disponível em: <https://gptw.com.br/conteudo/artigos/valor-feedback/>. Acesso em: 16 ago. 2020.

DRUCKER, Peter; COHEN, William. **Gestão de si mesmo**. São Paulo: Autêntica Business, 2017.

DUCKWORTH, Angela Lee; KIRBY, Teri; GOLLWITZER, Anton; OETTINGEN, Gabriele. From Fantasy to Action: Mental Contrasting with Implementation Intentions (MCII) Improves Academic Performance in Children. **US National Library of Medicine, National Institute of Health**. Disponível em: <https://www.ncbi.nlm.nih.gov/pmc/articles/PMC4106484/>. Acesso em: 12 set. 2020.

DWECK, Carol S. **Mindset**: a nova psicologia do sucesso. São Paulo: Objetiva, 2017.

GOLLWITZER, Peter M.; BRANDSTATTER, Veronika. Implementation Intentions and Effective Goal Pursuit. **Journal of Personality and Social Psychology**, v. 73, n. 1, p. 185-199, 1997.

HARVARD BUSINESS REVIEW. **Gerenciando a si mesmo**. Rio de Janeiro: Sextante, 2018.

HARVARD BUSINESS REVIEW. **Inteligência emocional**. Rio de Janeiro: Sextante, 2018.

HERÉDIA, Thais. 56% dos trabalhadores formais estão insatisfeitos com o trabalho, revela pesquisa. **G1**, 11 de dezembro de 2017. Disponível em: <http://g1.globo.com/economia/blog/thais-heredia/post/56-dos-trabalhadores-formais-estao-insatisfeitos-com--o-trabalho-revela-pesquisa.html>. Acesso em: 15 nov. 2020.

HERZBERG, Frederick; MAUSNER, Bernard; SNYDERMAN, Barbara B. **The Motivation to Work**. [S. l.]: Ed. Routledge Taylor & Francis Group, 2017.

HOFF, Eva V. Imagination. **Encyclopedia of Creativity**. 3. ed., v. 1, 2020. Disponível em: <https://www.sciencedirect.com/science/article/pii/B9780128094521897X?-via%3Dihub>. Acesso em: 15 nov. 2020.

IBGE. Rendimento de todas as fontes 2019. **Pesquisa Nacional por Amostra de Domicílios Contínua**, 2019. Disponível em: <https://biblioteca.ibge.gov.br/visualizacao/livros/liv101709_informativo.pdf>. Acesso em: 16 nov. 2020.

INSTITUTO DO CÉREBRO. Olfato é fundamental para a proteção, a memória e o prazer. **Inscer-PUC/RS**, 30 de julho de 2019. Disponível em: <http://www.pucrs.br/inscer/olfato-e-fundamental-para-a-protecao-a-memoria-e-o-prazer/>. Acesso em: 16 nov. 2020.

INTERNATIONAL STRESS MANAGEMENT ASSOCIATION. **Perguntas e respostas – Tenho lido que o burnout é uma doença ocupacional. Isso é verdade?** Disponível em: <http://www.ismabrasil.com.br/?obj=site&con=faq&con=faq&q=burnout>. Acesso em: 27 ago. 2020.

JENKINS, Ryan. 8 Ways the Crisis Will Forever Change the Future Workforce. **Entrepreneur**, 12 de maio de 2020. Disponível em: <https://www.entrepreneur.com/article/350089>. Acesso em: 16 nov. 2020.

JORNAL DA USP. 70% das pessoas entrevistadas em estudo gostariam de continuar no home office. **Jornal da USP,** 6 de julho de 2020. Disponível em: <https://jornal.usp.br/ciencias/estudo-mostra-70-das-pessoas-gostariam-de-continuar-no-home-office/>. Acesso em: 17 jul. 2020.

JUNG, Carl G. **Os arquétipos e o inconsciente coletivo.** Rio de Janeiro: Vozes, 2014.

KHOSLA, Sanjay; DAVIS, Scott. Como ter sucesso como Chief Growth Officer. **Kellogg Insight,** 2 de novembro de 2015. Disponível em: <https://insight.kellogg.northwestern.edu/pt/article/how-to-succeed-as-a-chief-growth-officer#:~:text=O%20t%C3%ADtulo%20de%20%22Chief%20Growth,caminhos%20que%20visam%20o%20crescimento>. Acesso em: 15 nov. 2020.

KIM, Chan W.; MAUBORGNE, Renée. **A estratégia do oceano azul.** Rio de Janeiro: Sextante, 2019.

KLEIN, Howard J.; WHITNER, Ellen M.; ILGEN, Daniel R. The Role of Goal Specificity in the Goal Setting Process. **Motivation and Emotion,** v. 14, n. 3, 1990.

KRONOS. **Full Report:** Generation Z in the Workplace. 2019. Disponível em: <https://workforceinstitute.org/wp-content/uploads/2019/11/Full-Report-Generation-Z-in-the-Workplace.pdf>. Acesso em: 20 nov. 2020.

LAMA, Dalai; CUTLER, Howard C. **A arte da felicidade:** um manual para a vida. São Paulo: Martins Fontes, 2000.

LEE, Bruce Y. How to Tell if You Have Work Burnout, Now a WHO Syndrome. **Forbes,** 20 de maio de 2019. Disponível em: <https://www.forbes.com/sites/brucelee/2019/05/29/how-to-tell-if-you-have-work-burnout-its-now-a-who-syndrome/#2a52dec51da8>. Acesso em: 16 nov. 2020.

LIFELONG LEARNING COUNCIL QLD INC. **What Is Lifelong Learning.** Disponível em: <http://www.llcq.org/resources/>. Acesso em: 15 nov. 2020.

LINKEDIN; WGSN. **Futuro do trabalho.** Disponível em: <https://www.futurodotrabalho.co/?linkId=100000004792430>. Acesso em: 18 out. 2020.

LOCKE, Edwin A.; SHAW, Karyll N.; SAARI, Lise M.; LATHAM, Gary P. Goal Setting and Task Performance: 1969-1980. **Psychological Bulletin,** v. 90, n. 1, p. 125-152, 1981.

MARK, Margaret; PEARSON, Carol. **The Hero and the Outlaw**: Building Extraordinary Brands Through the Power of Archetypes. [S. l.]: McGraw-Hill, 2001.

MCGREGOR, Douglas. **The Human Side of Enterprise**. [S. l.]: McGraw-Hill, 2006.

MICHEL, Alexandra. Burnout and the Brain. **Association for Psychological Science**, 29 de janeiro de 2016. Disponível em: <https://www.psychologicalscience.org/observer/burnout-and-the-brain>. Acesso em: 16 nov. 2020.

PELLAES, Alexandre. **O futuro do trabalho: um novo significado (webinar)**. 2019. (1h29m15s). Disponível em: <https://www.youtube.com/watch?v=eoPXXKY1JhM&list=PLDuV5zNw43KoGENSVAiKCQJzTx0wRWDUk&index=15&t=4474s>. Acesso em: 16 nov. 2020.

PIRES, Raphael. Autonomia no trabalho: a importância da liberdade para o profissional. **Blog da Rock Content**, 16 de março de 2019. Disponível em: <https://rockcontent.com/blog/autonomia-no-trabalho/>. Acesso em: 15 nov. 2020.

PSICOLOGIA ONLINE. **O que é introvertido e extrovertido**. 31 de janeiro de 2020. Disponível em: <https://br.psicologia-online.com/o-que-e-introvertido-e-extrovertido-320.html>. Acesso em: 16 nov. 2020.

RAMOS, Ana Júlia. Descubra o que é um CEO e quais as funções desse profissional na empresa. **Blog da Rock Content**, 8 de maio de 2019. Disponível em: <https://rockcontent.com/blog/ceo/>. Acesso em: 15 nov. 2020.

ROSENBERG, Marshall. **Comunicação não-violenta**: técnicas para aprimorar relacionamentos pessoais e profissionais. São Paulo: Editora Ágora, 2006.

RYDLEWSKI, Carlos; PASTORE, Karina. A evolução dos escritórios ao longo da história. **Época Negócios**, 8 de fevereiro de 2019. Disponível em: <https://epocanegocios.globo.com/Empresa/noticia/2019/02/evolucao-dos-escritorios-ao-longo-da-historia.html>. Acesso em: 17 ago. 2020.

SAVAL, Nikil. **Cubed**: a Secret History of the Workplace. Doubleday, 2014.

SRI PREM BABA. **Propósito** – a coragem de ser quem somos. Rio de Janeiro: Sextante, 2016.

SUTTO, Giovanna. Home office permanente e escritório do futuro: a cara da volta ao trabalho pós-quarentena. **Infomoney**, 8 de maio de 2020. Disponível em: <https://www.infomoney.com.br/negocios/home-office-permanente-e-escritorio-do-futuro-a-cara-da-volta-ao-trabalho-pos-quarentena/>. Acesso em: 5 jul. 2020.

THE CENTER FOR GENERATIONAL KINETICS; WP ENGINE. **Reality Bytes:** the Digital Experience is the Human Experience. Disponível em: <https://wpengine.com/wp-content/uploads/2019/01/GenZ_RealityBytes_EbookUS.pdf>. Acesso em: 15 nov. 2020.

THE ENERGY PROJECT; HARVARD BUSINESS REVIEW. **The Human Era at Work**. Disponível em: <https://uli.org/wp-content/uploads/ULI-Documents/The-Human-Era-at-Work.pdf>. Acesso em: 15 nov. 2020.

THINK WITH GOOGLE. **Dossiê BrandLab:** The Millennial Devide. Disponível em: <https://www.thinkwithgoogle.com/intl/pt-br/tendencias-de-consumo/dossie-brandlab-millennial-divide/>. Acesso em: 16 nov. 2020.

TULGAN, Bruce. **Não tenha medo de ser chefe**. Rio de Janeiro: Sextante, 2009.

TWARONITE, Karyn. A Global Survey on the Ambiguous State of Employee Trust. **Harvard Business Review**, 22 de julho de 2016. Disponível em: <https://hbr.org/2016/07/a--global-survey-on-the-ambiguous-state-of-employee-trust>. Acesso em: 11 out. 2020.

VEJA. **Primeira impressão:** apenas meio segundo é suficiente para formá-la. 13 de março de 2014. Disponível em: <https://veja.abril.com.br/ciencia/primeira-impressao-apenas-meio-segundo-e-suficiente-para-forma-la/>. Acesso em: 16 nov. 2020.

WEIL, Pierre; TOMPAKOW Roland. **O corpo fala:** a linguagem silenciosa da comunicação não verbal. Rio de Janeiro: Vozes, 2015.

WILES, Jackie. From Workforce Planning to Planning Work. **Gartner**, 8 de janeiro de 2020. Disponível em: <https://www.gartner.com/smarterwithgartner/from-workplace-planning-to-planning-work/>. Acesso em: 16 nov. 2020.

WILKIE, Dana. Generation Z Says They Work the Hardest, but Only When They Want to. **SHRM,** 11 de junho de 2019. Disponível em: <https://www.shrm.org/resourcesandtools/hr-topics/employee-relations/pages/gen-z-worries-about-work-skills.aspx>. Acesso em: 17 jul. 2020.

WORLD ECONOMIC FORUM. **The Future of Jobs 2016.** 1º de janeiro de 2016. Disponível em: <https://www.weforum.org/reports/the-future-of-jobs-f5e34ba1-9bc0-4567-a-640-7c03eb087e1b>. Acesso em: 17 nov. 2020.

WORLD ECONOMIC FORUM. **The Future of Jobs 2018.** 17 de setembro de 2018. Disponível em: <https://www.weforum.org/reports/the-future-of-jobs-report-2018>. Acesso em: 17 nov. 2020.

WORLD ECONOMIC FORUM. **The Future of Jobs 2020.** 20 de outubro de 2020. Disponível em: <https://www.weforum.org/reports/the-future-of-jobs-report-2020>. Acesso em: 17 nov. 2020.

WORLD HEALTH ORGANIZATION. **ICD-11 for Mortality and Morbidity Statistics,** version September 2020. Disponível em: <https://icd.who.int/browse11/l-m/en#/http://id.who.int/icd/entity/129180281>. Acesso em: 7 set. 2020.

AGRADECIMENTOS

Este livro é um projeto 100% independente. Eu, comigo mesma, sentei e comecei a colocar as minhas ideias sobre carreira no papel com um único objetivo: ser útil para as pessoas. Sentia que minhas reflexões poderiam provocar outras mentes inquietas que, assim como eu, querem ser felizes no presente, sem perder o foco nos objetivos do futuro. Sendo assim, meu primeiro agradecimento é para você que se interessou pelas minhas ideias e leu este livro até aqui. Do fundo do meu coração, muito obrigada pela oportunidade.

Com certeza, um projeto como esse jamais seria possível sem a rede maravilhosa de suporte que eu tenho. Meus olhos até marejaram só de pensar nas duas pessoas que me proporcionaram a oportunidade de estar aqui, que são meus pais, Anna e Luiz. Eu não tenho palavras para agradecer por tanto, simplesmente não tenho. Eles são dois seres humanos de bem, que quiseram criar um outro ser humano da melhor forma possível, com os recursos que tinham e sempre, sempre, sempre priorizaram a minha educação, mesmo que isso significasse estudar longe de casa e enfrentar o trânsito de São Paulo todos os dias ou trabalhar no turno da madrugada para ter um salário melhor e me manter na escola particular. Tudo o que fizeram garantiu que eu não me preocupasse com outra coisa que não fosse ter uma infância e uma adolescência plena. Hoje, uma das minhas maiores satisfações é deixá-los orgulhosos, dar a eles a sensação de dever cumprido. Alegria, para mim, é saber que para qualquer coisa que eu faça a minha plateia sempre terá pelo menos duas pessoas sempre. Isso não tem preço. Eu amo vocês mais que tudo.

Outra pessoa a quem devo muita gratidão é o meu companheiro de jornada, Lucas. Apesar da nossa juventude, a nossa história já é longa, são 10 anos de parceria, e tem sido linda. Ao longo da trajetória, o que eu descobri é que, graças a sua linda família, que hoje é minha também, ele é um homem com um coração muito bom, com muitas qualidades (a maior parte delas diferente das minhas), e é uma pessoa com quem eu posso e poderei contar a vida toda apesar de qualquer situação. Eu sou muito feliz por ter encontrado um amor assim, calmo, companheiro, disposto a aprender e evoluir. Sem essa parceria, a trajetória para a conclusão deste projeto teria sido muito mais difícil, mas eu tive e tenho com quem dividir tudo, da louça na pia até as reflexões mais profundas.

Outro agradecimento importante é para os meus avós, Dirce e Luiz, minha tia Sandra e minha madrinha Fabiola, que, junto dos meus pais, exerceram uma influência enorme na minha formação, na composição da minha forma de ver o mundo. Os exemplos de vocês são inspirações constantes para que eu continue a minha jornada com garra, persistência e a certeza de que eu sempre terei à minha volta uma família cheia de amor para dar.

Sinto muita gratidão por todas as minhas amigas, Audrey (a quem eu confiei a diagramação deste livro porque é uma designer extremamente competente), Nathália, Bruna, Isadora, Arianne, Ju Zamberetti, Ju Sorrentino, Mari, Tainá, Vivian, Tati, Thais, Ana Carol, Mari Nogueira, Duda, Bru Bonfietti (com quem dividi apartamento por três anos e não poderia ter escolhido melhor pessoa), Carol Costa (que me emprestou muitos livros ao longo da "quarentena" de 2020, os quais inspiraram muitas reflexões), enfim, a todas as pessoas que de alguma forma estão no meu dia a dia e fazem a minha vida mais leve e feliz.

Um agradecimento muito especial às minhas primeiras clientes de consultoria de branding pessoal, pela confiança no meu trabalho e pela oportunidade de ser útil através do meu método, vocês me deram muita confiança para seguir o meu caminho até aqui.

Por fim, não posso deixar de agradecer imensamente a todos os líderes e pares que eu tive e tenho a oportunidade de trabalhar todos os dias na minha carreira como marketeira e que desde o início foram essenciais para me situar nesse mundo corporativo e até hoje influenciam meus pensamentos, meus comportamentos e minha forma de entender as organizações, em especial João Brum, Guilherme Moraes, Tati Lindenberg, Juliana Carvalho, Fernanda Tavares, Fernanda Pacini, André Rocha, Vinícius Menezes, Andreza Graner e Mariana Gonçalo, serei sempre grata pela oportunidade de trabalhar com todos vocês.

Esta obra foi composta em Sabon, 12,5 pt e impressa em
papel Pólen 80 g/m² pela gráfica Meta.